L'essentielle errance

Voyage introspectif sur les routes de l'Inde et de l'Europe

Illustrat

D1637497

L'essentielle errance.
Voyage introspectif sur les routes de l'Inde et de l'Europe
est publié par Novalis.

Éditique : Karine Sirois
© Illustrations : Karine Sirois

© 2008 : Rémy Perras
License accordée à :
Novalis, Université Saint-Paul, Ottawa.
Dépôts légaux : 3ᵉ trimestre 2008
Bibliothèque nationale du Canada
Bibliothèque nationale du Québec

Novalis, 4475, rue Frontenac, Montréal (Québec) H2H 2S2
C.P. 990, succursale Delorimier, Montréal (Québec) H2H 2T1

Nous reconnaissons l'aide financière du gouvernement du
Canada par l'entremise du Programme d'aide au développement
de l'industrie de l'édition (PADIÉ) pour nos activités d'édition.

ISBN : 978-2-89646-065-6
Imprimé au Canada

**Catalogage avant publication de Bibliothèque et Archives nationales du
Québec et Bibliothèque et Archives Canada**
Perras, Rémy, 1972-
    L'essentielle errance :
    voyage introspectif sur les routes de l'Inde et de l'Europe
    Comprend des réf. bibliogr.
    ISBN 978-2-89646-065-6
    1. Perras, Rémy, 1972-   - Voyages. 2. Inde - Descriptions
et voyages. 3. Europe - Descriptions et voyages. I. Titre.

DS414.2.P37 2008   915.404'532   C2008-941337-7

NOVALIS

Cher lecteur, pour votre bénéfice, j'explique brièvement les rubriques que vous croiserez dans les prochaines pages.

1. **Bouchée d'esprit** : phrases provenant de personnes rencontrées ou de livres lus, et qui m'ont nourri.

2. **Citation du jour** : phrases prononcées pendant notre périple par Karine, ma charmante épouse, ou par moi, ou encore extraits du texte que je voulais souligner à vos yeux.

3. **Spiritualité** : réflexions sur la vie, la mort, la liberté, l'espoir, la prière, etc.

4. **Choc culturel** : chocs culturels.

5. **Chroniques d'un insomniaque chronique** : la nuit, alors que mon cerveau était hanté par toutes sortes de politicailleries, de réflexions sociophilosophiques et psychospirituelles, je ne pouvais faire qu'une chose : écrire.

6. **Rêve** : les autres nuits, mon inconscient me balançait des rêves fort (in)signifiants.

7. **Essentielle errance** : période de transition nécessaire chaque fois que mon corps voyage plus vite que mon âme.

8. **Courriel** : détails techniques, lieux, date, projets, etc.

Ceux et celles qui ont lu ces pages avant leur publication me furent précieux. Grâce à eux, j'ai pu constater que ce livre a deux auteurs : moi et vous. N'ayez donc pas peur d'écrire dans ce livre, d'approfondir les sujets qui vous touchent le plus et de sauter une page si nécessaire!

De plus, je vous invite à venir laisser votre trace sur le **www.myspace.com/remyperras** afin que je puisse savoir ce qui vous a séduit, choqué ou encore poussé plus loin. Vous y trouverez aussi un lien pour rejoindre Karine.

Au plaisir, rémy xxy

Essentielle errance...

Nous sommes à quelques heures du décollage pour l'Inde. Nervosité, fatigue et émotions. Tous les préparatifs sont achevés : l'appartement est sous-loué avec les chats, les plantes et les meubles; la voiture est chez mes parents; la compagnie de Karine hiberne. Malgré tout, je suis un peu anxieux à l'idée de prendre la route pour un an. C'est un saut dans le vide pour aller faire le plein.

De : Joel Dcunha, Alwyn D'Souza
Envoyé : du 12 décembre 2003 au 31 août 2004
Objet : *We are delighted to have you in India*

WELCOME TO INDIA!

My dear Remy and Karine, I am thrilled to note your desire to spend some months in India. What a wonderful decision! I am sure the Holy Spirit has inspired this noble idea in your minds.

WELCOME TO INDIA an ancient civilization of rich culture and heritage! I am sure you will have a wonderful experience. An experience of a life time!!

Certainly your anxiety is justified: you are venturing in to an adventure. I am sure your spirituality will help you to put things in the right perspective. Certainly you need to relax and get into the rhythm of India.

Whatever possible I shall do for you in India as per my limited capacity. I am sure you will not regret your decision.

And finally, Karine and Remy, you are going to undertake Pilgrimage of India. So, trust the Lord. He is going to take charge of your voyage.

Live, Love, Laugh
Your brother in Christ, Father Joel
Have full faith and COME. Father Alwyn[1]

---

1 BIENVENUE EN INDE! Chers Rémy et Karine, je tressaille en apprenant votre désir de passer quelques mois en Inde. Quelle décision merveilleuse! Je suis sûr que cette noble idée vous fut inspirée par l'Esprit saint. Bienvenue en Inde, une civilisation riche en cultures et en héritages anciens. Je suis sûr que vous aurez une expérience magnifique. L'expérience d'une vie! Votre anxiété est certainement justifiée : vous entrez dans toute une aventure. Je suis sûr que votre spiritualité va vous aider à relativiser les choses. Assurément, il vous faut relaxer et entrer dans le rythme de l'Inde. Dans la mesure du possible, je ferai tout ce que je peux pour vous aider. Je suis sûr que vous ne regretterez pas votre décision. Et finalement, Karine et Rémy, vous allez entreprendre un pèlerinage en Inde. Alors, faites confiance au Seigneur. Il va vous prendre en charge pendant ce voyage.
Vie, amour et rire. Votre frère en Jésus, Father Joël
Ayez pleine confiance et venez. Father Alwyn

Choc∗culturel

En moins de 24 heures, nous avons traversé la moitié du globe terrestre pour atterrir dans un pays complètement différent du nôtre. Quelques points en vrac et en plein décalage horaire.

A. Father Alwyn et son équipe sont merveilleux. Très compréhensifs et très coopératifs. Nous sommes entre bonnes mains. Un peu épuisés par le transport, mais accueillis comme des rois.

B. À Delhi, quand on sort de l'avion, ça sent la pollution. Puis, on réalise rapidement que l'air est non seulement pollué, mais aussi extrêmement chaud et dense. Une chaleur incomparable à nos chaleurs estivales.

C. En plus de cette fournaise écrasante, notre corps est également soumis à une étourdissante pétarade de klaxons. Il ne se passe pas cinq secondes sans qu'un chauffeur ne fasse hurler son véhicule. « *In our country, when you drive, all you need is a horn and good brakes*[2]! », nous confiait Father Alwyn.

D. Heureusement pour nous, en plein centre-ville, un singe nous a appris comment courir pour traverser les larges boulevards entre deux flopées de véhicules de toutes sortes! On s'adapte progressivement.

```
Bouchée d'esprit
   « In India, if you don't find what
   you want, you will find a copy³. »
                        Father Alwyn
```

---

2 « Dans notre pays, quand tu conduis, tu as seulement besoin d'un klaxon et de bons freins. »

3 « En Inde, si tu ne trouves pas ce que tu cherches, tu en trouveras une copie. »

De : Karine
Envoyé : 12 septembre 2004 19:31:28
Objet : Des nouvelles de notre fabuleuse aventure indienne!

Allô les amis!

Saviez-vous que le slogan touristique de l'Inde, c'est « *Incredible !ndia* »?

Moi, oui! Et je comprends très bien pourquoi ils ont choisi ce slogan. L'Inde, c'est assez particulier! Ici, plusieurs vivent dans les rues : on peut voir des gens qui se font à manger sur les trottoirs, une femme qui donne le bain à son bébé au pied d'un chantier de construction, des gens qui dorment un peu partout. C'est juste normal ici!

Les Indiens sont de nature très douce et respectueuse; ils sont en général, très gentils et amicaux. La p'tite dame qui fait le ménage de notre chambre a un de ces sourires... Si vrai! Si radieux! On a eu notre premier lézard dans notre salle de bains hier. Il était rose avec les yeux noirs. (Il m'a souri!) Il ne faut pas les chasser, ils sont là pour manger les insectes nuisibles!

Lundi matin, on monte à Rishikesh dans l'Himalaya; on va passer un mois et demi dans des ashrams (lieux de prière, monastère). Je ne sais pas si je pourrai vous écrire de là-bas. Si je ne vous écris pas d'ici le 20 octobre, ne soyez pas inquiets, c'est normal (d'accord maman et Maryse!).

À bientôt, je vous serre tous dans mes bras (pas en même temps quand même!!!)

Karine[4]

---

4 Bonjour à vous, cher lecteur averti. Vous remarquerez sûrement que le style littéraire des courriels n'est pas toujours grammaticalement correct. « N'aurait-il pas été mieux de corriger ces imperfections? », vous demanderez-vous peut-être. Sachez donc, cher lecteur averti, que nous avons corrigé les fautes d'orthographes. Toutefois, pour le reste, je vous offre volontairement la spontanéité des courriels écrits en vitesse dans un café Internet. Nous n'avions guère le loisir de nous relire, et ce, pour deux raisons : en Inde, parce que l'électricité pouvait manquer à tout instant et, en Europe, parce que notre budget ne nous permettait pas de flâner derrière un clavier!

Essentielle errance… dans le train

Depuis que nous avons quitté la gare de Delhi, nous traversons un océan de déchets, de baraques et de pauvres. La pauvreté humaine est laide. Ou devrais-je plutôt dire : « la pauvreté est laide »? « Pauvreté humaine », c'est un pléonasme. Avez-vous déjà vu un pauvre moineau? Non. La pauvreté est une exclusivité de l'humanité. Par contre, d'autres facettes de notre vie sont tout à fait en accord avec le royaume animal. Par exemple, telle une nuée de sauterelles, nous avons la capacité de tout ravager sur notre passage. Ou encore, l'indifférence devant la souffrance, de même que le réflexe de sacrifier, d'abandonner ou de manger ce qui est malade, vieux ou blessé. Je pense aux chevreuils poursuivis par les loups, à la fourmi bouffée par les fourmis.

En fait, je suis en train de me convaincre de ne pas lutter contre l'envie de fermer le rideau de la fenêtre et d'oublier que tout cela existe. Parce que, de taudis en taudis, mon cœur devient las. Plutôt que de me bouleverser, l'excès de pauvreté provoque une indifférente acceptation. Quand c'est rendu que le moignon d'un quêteux me rappelle les pigeons estropiés de Montréal… J'aimerais qu'on me donne une gifle et me dise : « Rémy! c'est un être humain! », sans même savoir quelle serait ma réaction. Pour l'instant, même les yeux grands ouverts, un rideau s'est fermé.

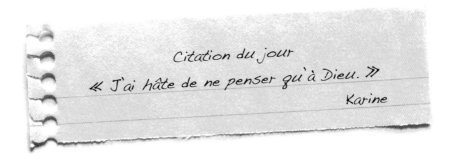

Citation du jour

« J'ai hâte de ne penser qu'à Dieu. »

Karine

Essentielle errance…

Nous sommes arrivés à Rishikesh en un seul morceau. À plusieurs reprises depuis que nous avons mis les pieds en Inde, je me suis demandé : « Mais qu'est-ce que je fais icitte? » Je n'ai pas vraiment de réponse.

Les klaxons incessants, les litanies aux multiples dieux crachées dans les haut-parleurs sur le toit des temples, la nature cacophonique, les singes qui gueulent… Il y a tellement de bruit! Je réalise que le silence est une invention humaine.

J'ai hâte de trouver la beauté au milieu de tous ces déchets et de ce lot de quétaineries. Parfois, j'ai l'impression que l'Inde, c'est un gros camping Sainte-Madeleine. On se repose au bord de l'autoroute.

Choc*culturel

Image frappante du jour : sur un pont suspendu qui surplombe le Gange, plusieurs singes font l'aller-retour. Certains, déjà obèses, pour recevoir de la nourriture; d'autres, un appareil photo autour du cou, proposent un cliché : une belle photo de vous sur le pont qui survole le Gange. Évidemment, c'est pas cher.

Et puis, entre tous, une guenon se distingue. Elle se promène allègrement sur trois pattes, la quatrième s'accrochant au cadavre de ce qui fut son enfant. Une mère refusant la naissance d'un mort. Un être chétif et flasque, devant qui tous les pèlerins s'horrifient avec sentimentalisme.

Spiritualité

Ce soir, ma prière était d'une grande force. Cela faisait plusieurs jours que je ressentais le besoin de la laisser exploser, mais je n'y arrivais pas. Finalement, dans la semi-pénombre, je me suis isolé dans la chapelle, j'ai fermé les yeux et ouvert la bouche. J'ai laissé sortir un air et des sons improvisés, « inspirés » et inspirants[5]. Cet hymne à l'amour m'a mené à pénétrer avec puissance dans la violence de l'amour de Dieu. Une première. La violence de l'amour. Quel paradoxe magnifique! Comme Dieu doit se faire violence pour pardonner sept fois soixante-dix-sept fois la même niaiserie à la même personne!

---

5 C'est ce qu'on appelle « chanter en langues ». C'est une forme de prière extraordinaire lorsqu'on est à même de se débrancher le cerveau et de laisser le cœur parler sans mots, comme un enfant qui gazouille.

De : Rémy Perras
Envoyé : 18 septembre 2004 16:33:20
Objet : Himalaya!

Je me trouve à l'instant sur l'Internet le plus lent de ma vie, mais dans quelques minutes, je vous enverrai tout de même ce message depuis l'Himalaya!

Lorsque je suis arrivé à Rishikesh, je croyais que toutes les vaches étaient sur le point d'accoucher, jusqu'à ce que le prêtre qui nous accompagne me dise : « Non, elles sont obèses. » Un tas de grosses vaches! Très affectueuses, cela dit. Elles viennent se frotter sur nous avec amour pour se faire gratter entre les deux yeux.

Demain, nous déménageons avec Sister Thelma dans le Jeevan Dhara Ashram. La majorité des ashrams sont hindous, celui-là est chrétien. Sister Thelma semble avoir une excellente formation d'accompagnement psychospirituel. Elle est venue suivre des ateliers de formation à Montréal! Une femme aux allures parfois un peu sévères (du genre institutrice méticuleuse), mais au cœur entièrement rempli par la prière.

Avez-vous envie de vivre 15 minutes en communion avec nous? Lors de votre prochaine douche, apportez une chaudière et une tasse à mesurer. Emplissez la chaudière d'eau (3/4 eau froide - 1/4 eau tiède) pour que ce soit juste assez froid pour faire « hiiiiiiiiiii » en mettant l'eau sur le ventre. Maintenant, embarquez dans le bain, prenez la tasse à mesurer et aspergez-vous. Savonnez. Rincez de la même manière. Très drôle à faire en couple et, messieurs, je vous garantis que les seins de votre douce n'auront jamais été aussi beaux!!!!

Vous lire serait un plaisir. Petite réponse personnelle garantie.

rémy
xxy

Mon Dieu que c'est dur de vivre l'instant présent! Le voyage commence à peine que je planifie déjà des choses à faire lors de notre retour, dans un an! Pour ma défense, je dois dire que la vie passe tellement vite que j'ai l'impression de faire des projets pour demain.

À propos de demain, j'ai hâte de voir ce que je m'en vais chercher. On s'apprête à vivre quarante jours dans un ashram. Quarante jours de désert. Le temps d'une formation, d'un accouchement, d'une essentielle errance. Le temps des tentations, des illusions, des veaux d'or. Le temps du silence, de la rencontre, de la vie. Le temps de la prière[6].

Spiritualité

Dans un ashram hindou vivent quelques moines canadiens. Un vieil homme maigre et rayonnant, sa fille et un grand Noir de Saint-Eustache. Ils ont pris des noms indiens très signifiants, mais imprononçables pour moi. Voilà pourquoi je les ai moi-même rebaptisés à leur insu : Swami Océan, Mataji Fire et Swami Terre Noire[7]. Quoique moines hindous, ils demeurent entièrement chrétiens. C'est une des forces de l'hindouisme : il ne s'oppose pas, il intègre.

---

6 Le lecteur averti, toujours à la recherche de symboles, se questionnera discrètement : « Quarante… Comme Jésus ou les Juifs dans le désert… Comme c'est intéressant. Ont-ils volontairement planifié de passer quarante jours en prière? » Sachez donc, cher lecteur averti, que trente-six serait plus juste, mais que quarante, ça paraît mieux. Cela dit, comme le temps passe plus lentement dans un monastère et qu'il est vécu de façon très intense, nous pouvons aussi affirmer que ces trente-six jours nous en ont paru quarante-quatre. À vous de faire la moyenne.

7 Dans le cas présent, Swami et Mataji sont les termes utilisés en Inde pour signifier « moine » et « moniale », sans en être une traduction fidèle, et ils font pour moi office de prénom.

J'ai découvert avec eux que certaines branches de l'hindouisme accordent beaucoup d'importance au « *I am who I am* » de la révélation de Dieu à Moïse au buisson ardent[8]. Pendant des heures, nous avons écouté Swami Océan nous parler de l'Être de Dieu. « *I am.* » Dieu est. Point à la ligne. Dieu est dans l'être alors que nous sommes si souvent dans l'avoir et dans le faire. C'est lorsque nous descendons dans l'être que nous le rencontrons, que nous lui laissons sa place dans notre vie.

Lors de l'une de nos visites, Swami Océan nous fit calmement part d'un enseignement particulier, qu'il avait lui-même reçu de son gourou indien. Alors qu'il était dans un ermitage, ce dernier lui avait écrit à peu près ceci : « Dieu donne ses indications à temps. L'homme voudrait tout savoir à l'avance; il voudrait une lumière toujours allumée. Mais Dieu en fait à sa tête et pourvoie en temps et lieu le pain quotidien. Toutefois, il est vrai que, pour celui qui sait regarder, il y a ici et là des lumières particulières. »

Sur la route du retour, Karine m'a fait remarquer que nous avions devant nous l'illustration concrète de cet enseignement : alors que nous avancions sous la pluie et dans la pénombre la plus complète, des éclairs presque aveuglants nous dévoilaient les courbes de la route qui nous attendaient. Puis, revenus à la noirceur, nos yeux ne pouvaient transpercer plus loin que les trois prochains pas. Avions-nous besoin d'en savoir plus?

---

8 Dans cette allégorie biblique d'une grande beauté, Moïse s'approche d'un buisson en flammes, mais qui ne se consume pas. Il y entend le nom de Dieu, en hébreux « *YHWH* », qui peut être traduit en anglais par « *I am who I am* » (la traduction française la plus connue étant « Je suis celui qui est »).

Choc∗culturel

Il ne m'aurait jamais traversé l'esprit de faire six heures de voiture pour monter au lac Saint-Jean, de rester là six heures et de revenir à la maison après. Même pour aller saluer une amie super proche. Voilà tout de même ce dont nous venons d'être témoins. Toute l'équipe de Father Alwyn et de Sister Maria est débarquée ici hier. Voici leur itinéraire :

∗ De Delhi à Rishikesh : six heures dans des conditions de route pas toujours faciles.

∗ Six heures pour faire le tour du village avec nous.

∗ De Rishikesh à Delhi : six heures, dans les mêmes conditions de route!

Complètement débile. Telle est la folie qui habite les Indiens. *Incredible !ndia!*

Spiritualité

L'enseignement des saints hindous est le même que celui de l'Église : *Love the God of consolation, not the consolation of God*[9]. Il ne faut pas courir ou même chercher à acquérir et à contrôler les dons de Dieu. Ils sont donnés et retirés à tous moments.

---

9   « Aime le Dieu des consolations et non les consolations de Dieu. »

Rêve*zzzz*

À Saint-Hyacinthe, Jean-Marc Pothier, un vieux punk sexa-génaire, et des jeunes sont attroupés autour d'une mendiante polonaise. Elle veut échanger un de ses « dollars » contre un dollar canadien. Je m'approche, regarde l'argent en question, m'accroupis (car elle est assise par terre, accotée contre le mur) et lui demande si elle a un lieu où habiter. Elle me dit que oui. Je l'invite tout de même à souper à la maison, en lui disant que ça lui fera du bien. Je sais que ça ne dérangera pas Karine. Elle accepte. Nous allons chez elle pour qu'elle se prépare. Elle a un chien blanc.

Alors que nous sommes sur le point de partir, quatre gars de sept pieds et demi et plus se pointent. L'un d'eux gueule à tout vent : « *Where are you going slut? Who's that guy*[10]? » La mendiante me regarde et me murmure : « Oh non… Je pourrai pas y aller… » « Tu es maître de tes décisions » ou « on est toujours maître de nos décisions », lui ai-je répondu. Les gars sont arrivés à notre hauteur, m'ont toisé et nous avons marché autour d'une fontaine. L'un d'eux me disait : « Tu es bien jeune. Tu n'as pas l'air de connaître grand-chose à l'amour. » (Sous-entendu : tu ne sais pas comment t'y prendre avec les femmes.) « Oui, ça se peut. On est toujours un peu néophyte en amour, non? Tout ce que je sais, c'est que j'aime assez Karine pour la laisser libre. »

Si j'avais dormi plus longtemps, j'aurais mangé une volée, mais je me suis réveillé.

---

10 « Où est-ce que tu t'en vas, salope? C'est qui ce gars-là? »

Spiritualité

Il y a une maligne douceur à rêver ce qu'on ne peut avoir. Comme une avant-déception. Plusieurs guides spirituels me diraient de bannir mes désirs, question de ne pas être déçu. Moi, je me dis plutôt : « Vis et rêve, car chacun de tes rêves mérite d'être vécu et viendra teinter tes projets. Mais vis, car sinon, tu rêveras ta vie plutôt que de vivre tes rêves. »

CHRONIQUE D'UN INSOMNIAQUE CHRONIQUE

Je suis humainement humaniste et écologiste, spirituellement chrétien, liturgiquement catholique charismatique doux, de spiritualité ignacienne et franciscaine, volontairement optimiste et naturellement chialeux et critiqueux. Et je rêve, parfois, que je suis le premier ministre. « Mais dis-moi, petit politicien de salon, qu'aurais-tu à proposer si tu faisais le grand saut? » Réflexions :

A. Comment réveiller la générosité des gens? Comment faire circuler les biens sans que ceux qui sont riches aient l'impression de ne rien recevoir en retour? Comment rendre un Albertain fier de voir que son argent sert à donner un coup de main au Québec et aux Maritimes?

B. Il serait bénéfique d'établir des voyages de coopération internationale pour tout le monde. Trois mois gratuits dans un pays en voie de développement à l'obtention du bac ou après une année d'investissement communautaire ou à la retraite. Objectifs : assurer un suivi constant sur des projets d'essors internationaux et aider les gens de chez nous à réaliser qu'on peut être heureux avec moins.

C. J'ai aussi pensé à inviter les chefs de gang de rue à arrêter de fucker l'chien, comme ça, en toute simplicité!

D. Il nous faut rouvrir le débat sur l'avortement. L'avortement est vécu comme un moyen de contraception par certaines jeunes femmes et cela doit nous remettre en question. L'avortement est censé être une solution de dernier recours, dans des cas exceptionnels. On a pris l'exception et on en a fait une règle générale. Toutefois, dans ce débat, ni la Bible ni aucun autre livre saint ne doivent être admis comme arguments.

E. J'imagine des prisons à grandeur plus humaine. Vingt personnes environ. Quelques caractéristiques en vrac : végétarisme, régler tout problème d'embonpoint, salle de gym tous les jours, douches individuelles, heures de méditation obligatoires.

Il serait bon d'offrir aux différentes spiritualités d'être responsables d'une prison et d'offrir aux prisonniers le choix de leur établissement. Pour assurer la communion entre les spiritualités, tous les lundis, quelqu'un d'une autre religion viendrait parler de la paix dans sa propre tradition. Les athées auraient aussi leur prison où les grandes valeurs humaines seraient abordées et méditées. Le tout sur un fond d'accompagnement psychospirituel soutenu afin de désamorcer de l'intérieur les bombes contenues dans ces hommes et ces femmes qui reflètent des échecs de notre civilisation.

Rêvezzzz

Dernièrement, je ne rêve que de combats. Cette nuit encore, au moins deux rêves dans lesquels je devais me battre. Le dernier tellement plate que j'ai décidé de me réveiller. Le premier, très intense, m'a laissé une seule phrase. Quelque chose comme : « *With all your past and your present*[11]. »

Citation du jour

« Je crois que la vie, sous toutes ses formes, est un combat. Depuis le spermatozoïde jusqu'à la fin des temps, le combat est animal, humain, spirituel, et il nous forge. À moi de choisir la bataille que je veux mener. » rémy

Bouchée d'esprit
« Une fois que le combattant a revêtu toutes les vertus et surtout la parfaite pauvreté, la grâce illumine de toutes parts sa nature dans un sentiment plus profond encore et l'échauffe d'un grand amour de Dieu. »
Diadoque de Photicé[12]

---

11 « Avec tout ton passé et ton présent. »
12 JEAN GOUILLARD, *Petite Philocalie de la prière du cœur*, coll. « Points Sagesses », Paris, Seuil, 1979, p. 67.

De : Rémy
Envoyé : 30 septembre 2004 15:49:30
Objet : Beautés

Bonjour à tous et à toutes!

C'est avec un grand plaisir que je vous annonce que, grâce au moyen employé ici pour se torcher (c.-à-d. de l'eau et ses doigts), je n'ai plus aucun problème d'hémorroïdes! Disparues! Ta-dam! Pouf comme par magie! *Incredible !ndia!!!!!!!!!*

Alors que nous marchions dans le village, une famille nous a accostés en déposant leur bébé dans les bras de Karine. Pourquoi? Parce que son papa voulait prendre une photo de son bébé dans les mains d'une belle Blanche. C'est quelque chose qui arrive paraît-il fréquemment. En Inde, plus ta peau est claire, plus tu es jolie.

Exercice de communion avec nous : comme nous sommes dans l'Himalaya, dans les prochains jours, allez faire un tour en monta-gne! Je suis sûr que le Québec doit être magnifique ces temps-ci. Allez prendre un bol d'air et de silence (qui, soit dit en passant, est une invention purement humaine. Le silence n'existe pas. Il faut découvrir LES silences qui nous habitent et qui habitent la nature, mais ce sont toujours des silences pleins de musique!)

Auteur et peintre libanais intense : Khalil Gibran. Je suis en train de lire *Le prophète*, et c'est très intéressant.

Au plaisir, mes chers amis!

rémy

xxy

Bouchée d'esprit
« *God only is*[13]. » Swami Océan

CHRONIQUE D'UN INSOMNIAQUE CHRONIQUE

Un criquet ayant voulu bouffer Karine, elle a crié, et me voilà réveillé. Évidemment, mon cerveau en a profité pour se mettre en marche.

« *God only is.* » Devant la beauté et la profondeur de cette phrase, je m'incline. Elle est très nourrissante. Toutefois, est-ce mon égo qui parle, je suis convaincu que « *God wants me to be*[14] », et que par conséquent, « *I also am*[15] ».

Cet après-midi, avec Swami Océan, nous avons évoqué le passage bien connu du « jeune » homme riche des Évangiles de Matthieu, Marc et Luc. Voici un résumé du texte :

Un homme, que seul Matthieu qualifie de jeune (alors que Luc parle d'un notable!), se présente devant Jésus et lui demande : « Que dois-je faire pour avoir la vie éternelle? » Jésus lui dit : « Ne tue pas, ne commets pas d'adultère, ne vole pas, etc. » « Tout cela, je l'ai gardé dès ma jeunesse », lui répond l'homme. C'est alors que l'Évangile de Marc nous raconte que Jésus, ayant fixé sur lui son regard, l'aima et lui dit : « Une chose te manque : va, ce que tu as, vends-le et donne-le aux pauvres, et tu auras un trésor dans le ciel; et viens, suis-moi. » Mais lui, assombri à cette parole, s'en alla attristé, car il avait de grands biens. (L'Évangile selon Marc est le seul à souligner l'amour de Jésus.)

---

13 « Dieu est, un point c'est tout » ou « Dieu ne fait qu'être » ou encore, au sens où je l'avais tout d'abord compris : « Seul Dieu est. »
14 « Dieu veut que je sois. »
15 « Je suis moi aussi. »

« Jésus l'aima. » Non pas à cause de ce qu'il avait fait ou obtenu dans sa vie. Ce n'est pas : il avait bien agi, il avait bien observé la loi de Moïse, donc Jésus l'aima. C'est plutôt : il avait bien agi, Jésus l'aima, donc lui proposa d'aller plus loin en passant de l'avoir et du faire à l'être. Voilà pourquoi je me permets d'affirmer : « *God wants me to be.* » Aimer est une action profonde et changeante, et non pas une récompense pour nos gentillesses. De ce que nous connaissons de lui, Jésus ne cherchait pas quelqu'un d'aimable. Il aimait.

À la femme pécheresse qui a beaucoup aimé, Jésus demande de ne plus pécher. Il ne brûle pas les étapes. Il l'invite à commencer par se construire une éthique, un respect d'elle-même et des autres. Un changement de comportement implique toujours une partie de l'être, mais j'ai tout de même l'impression qu'il s'agit ici de changer le « faire ». Ne pèche plus. Observe les commandements. Ne fais plus ce qui te coupe de toi-même et de Dieu. J'en suis certain, Jésus l'a beaucoup aimée elle aussi. La femme pécheresse est repartie soulagée, mais a-t-elle cessé de pécher du jour au lendemain, sans rechutes, comme par magie? Si je me fie à ma vie et à de nombreux témoignages autour de moi, tout changement demande du temps pour s'incarner.

Pour le (jeune) homme riche, le code d'éthique était déjà construit. Jésus l'invite donc au prochain pas : passer du faire à l'être. Le riche repart, la mine basse, et on ne le revoit jamais. Mais je me plais à penser qu'un appel au dépassement ne reste jamais complètement ignoré. Combien ont tout d'abord dit « Jamais! », pour ensuite se retrouver comme des poissons dans l'eau dans cette situation à laquelle ils étaient tout d'abord rébarbatifs?

Le riche ne pourra jamais oublier cette réponse de Jésus, car elle répond à son désir profond : hériter de la vie éternelle. Chaque fois qu'il jouira de ses biens, il sera trituré par cette phrase et, petit à petit, se détachera puis se dépouillera de ses avoirs. Et ce sera difficile. Et ce sera long. Et ce sera bon.

C'est une des grandes forces de Jésus. Savoir reconnaître quel est le prochain pas de l'être qui est en avant de lui afin de l'inviter à aller plus loin sans brûler les étapes. Son amour peut être consolateur et revalorisant, mais c'est aussi un amour qui provoque, qui botte le cul. C'est un amour qui me pousse à être ce que je suis. Voilà pourquoi il est mon grand prêtre, mon gourou, mon maître spirituel et mon idole.

Tout cela pour dire que Dieu est un être de relation. Que pour avoir une relation de plus en plus profonde avec moi, il veut que je sois de plus en plus. Je suis un être qu'il aime et veut aimer. Il est celui qui m'invite à être parce qu'il est amoureux. « Mon Dieu, mon amour, ma vie, épouse-moi encore et toujours! Aide-moi à me rappeler que j'ai choisi d'être la tortue[16]. Aide-moi à me rappeler que j'ai choisi d'être. »

Citation du jour

« La mort, sous toutes ses facettes, vient ponctuer la vie, comme les virgules rythment la respiration de tout ce qui s'écrit. »

rémy

---

16 C'est dans les montagnes mexicaines, il y a déjà quelques années de cela, que j'ai choisi entre le lièvre et la tortue. J'ai choisi de courir lentement, mais tout le temps.

Bouchée d'esprit
« Des milliers d'oiseaux partent vers
le sud… et ça ne coûte rien. »
Jérôme Minière[17]

Rêvezzzz

On était sur une plage à la maison (à la maison = au Québec!).
À un certain moment, j'ai plongé avec Francine Babin, une
amie, et on a traversé la rivière ensemble. De l'autre côté, je
lui ai dit : « Francine, ça fait tellement de bien, l'eau de la
maison! Même si elle est polluée, c'est la pollution de chez
nous! » Elle me comprenait pleinement grâce à son expérience en Afrique. On a replongé pour revenir sur nos pas.
Je sentais sur mon corps la douceur de l'eau et la force du
courant. J'étais bien.

Lorsque je me suis réveillé, j'étais en sueur des épaules
jusqu'aux pieds et je pataugeais dans mon sac de couchage.
Ça m'arrive lorsque je ferme au complet la fermeture éclair
de mon sac. Mais là, comme j'étais fiévreux en plus, la
température était hallucinante là-d'dans!

---

17 JÉRÔME MINIÈRE, *Un magasin qui n'existe pas.*

Il arrive sans avertir, un matin comme ça, et il s'installe. Du coup, tout est plus fade : la nourriture, les couleurs, les désirs. On ne comprend pas tout de suite, mais chaque minute qui passe est lourde. Le moindre geste, pesant. Et puis, on remarque que tout ce qui nous ancre dans le quotidien nous rebute. Dans le quotidien ici. Ici loin de là-bas. Alors, on soupire en pensant à ses proches. C'est là qu'on le reconnaît : le mal du pays. Après des jours de bonheur, le voilà, sournois, comme une colique de l'âme. Sol nous dirait que c'est la « mélâmecolie ».

De : Rémy
À : Mes parents
Envoyé : 9 octobre 2004 11:57:22
Objet : Juste pour vous

Salut mes parents!

Je pense à vous souvent. Tous les soirs, je regarde la Grande Ourse. Cela me rapproche. De plus, j'ai une grippe qui fait en sorte que je me mouche dans les papiers de toilette que nous avons pris chez vous! Quel bonheur de penser à vous dans de pareils moments!!

Ça fait déjà un mois que nous sommes ici. Mes réflexions et mes découvertes sont très intéressantes. Le saviez-vous? Les hindous sont monothéistes. Ils ont par la suite créé plein d'histoires symboliques pour illustrer les mystères de la vie, mais les mystiques et les swamis (équivalent de moine) nous parlent de AOM.

Comme pour YHVH, le nom de Dieu est trop grand pour être contenu ou prononcé. Alors, ils le représentent dans un son. « A-O-Mmmmmm... » La prononciation du A est la plus grande ouverture de la bouche possible, le O est l'intermédiaire et le M la plus petite. Un symbole simple, mais très beau, pour dire que Dieu est le commencement et la fin de tout, qu'il est en tout et partout.

Comme je le croyais, je trouve beaucoup ici pour nourrir ma foi. Il y a en moi un mélange de franciscain qui s'émerveille et qui relie sa vie à la manière des exercices de saint Ignace. Enfin bref, mon cerveau et mon cœur vivent à cent milles à l'heure, pendant que mon corps me confine presque à l'ermitage!

Au plaisir!

Je vous aime.

rémy

xxy

Spiritualité

La réflexion des derniers jours était très stimulante. La croix de Jésus, la volonté de Dieu, la souffrance, ses conséquences et autres sujets inépuisables ont nourri tour à tour mes pensées et mon cœur. En suivant le fil de mes réflexions, je commence donc par mettre sur papier ma vision théologique de la croix et de la volonté de Dieu.

Jésus savait depuis longtemps qu'il allait mourir assassiné. Avant même de commencer son ministère peut-être. Il le savait parce qu'il était lucide et savait lire les signes des temps. Il voyait les nuages se masser autour de lui, il voyait la foudre et le tonnerre se déplacer inexorablement vers lui. En montagne, ce phénomène est remarquable. Assis sur un sommet, on voit distinctement l'orage venir à nous. Et le cœur de Jésus était continuellement en montagne, lieu de la rencontre, de la prière. Il voyait le moment approcher et il priait. Il priait pour pouvoir être à même de se garder entièrement fixé aux deux plus grands commandements[18].

Car telle est la volonté du Père. Non pas la croix, mais même dans la croix, « aimer Dieu de tout son cœur, de toute son âme et de toutes ses forces » et « aimer son prochain comme soi-même ». Telle est la victoire de l'amour sur la mort. Et cela demande une incroyable faiblesse intérieure qui nous garde violemment rivés en Dieu et nous rappelle qu'il ne faut pas craindre ceux qui peuvent tuer le corps. Facile à dire.

En réalisant cela, j'ai perdu une journée entière à imaginer ce que serait le monde si tous les êtres humains vivaient les deux premiers commandements en tout temps. Wow! Décrire tout ce que j'ai vu serait trop long. La qualité de l'instant présent, la capacité de reconnaître ses faiblesses,

---

18 Cf Mt 22, 34-40.

les démarches de deuil et de pardon vécues à fond, la re-connaissance de soi, de l'autre, de Dieu... Un monde où plusieurs blessures seraient évitées, mais où la souffrance ne disparaîtrait pas pour autant. Car elle est inhérente à la vie. Depuis la formation des planètes jusqu'au feu de forêt en passant par les ères de glaciation, tout nous parle d'une certaine violence nécessaire à la vie, qui elle-même est un combat. La vie est ainsi faite, ainsi voulue et ainsi bonne.

Voilà la sagesse de Dieu, grande folie aux yeux des hommes : ce sont les deuils qui nous font grandir. Chaque choix que nous faisons comporte un deuil. Toutefois, il est important de préciser que la souffrance en elle-même n'a aucun sens. Comme on me l'a appris, seuls les fruits qui en sortiront en auront, et pour les voir, il faut prendre le temps de relire sa vie. (Un peu comme la joie qui, si elle n'est pas fructueuse, n'a aucun sens. On connaît tous l'insignifiance du bonheur jetable que l'on nous vend à grand renfort de sourires étince-lants. Pourtant, on s'y raccroche souvent, tout comme à nos peines, et ils deviennent des boulets chéris et stérilisants.)

Je disais donc que seuls les fruits ont un sens. Et il y a tou-jours des fruits. Il faut que le grain tombé en terre meure. La mort, sous toutes ses facettes, vient ponctuer la vie, tout comme les virgules rythment la respiration de tout ce qui s'écrit. Voilà pourquoi je ne suis pas sûr qu'il y ait nécessairement une cause, une origine à la souffrance. L'être humain a, de tout temps, tenté de la justifier plutôt que de la vivre, d'y trouver une cause ou une source plutôt que de l'accepter. Voilà pourquoi, malgré sa présence dans plusieurs mythologies et cultures, je remets sérieusement en question la théorie d'un péché originel qui aurait fucké tout le reste. Voici l'évolution de ma pensée.

Dernièrement, un jeune séminariste m'a sermonné sans arrêt pendant trente à quarante-cinq minutes. J'écoutais patiemment (ce qui veut dire avec une impatience contrôlée, étirée, endurée) en cherchant « la » phrase qui me nourrirait. Finalement, une de ses théories a retenu mon attention : « Si tu prends un homme à la naissance et le mets au milieu du bois sans aucune influence sociale ou idée préconçue, il se créera une religion, car le sens de Dieu est inscrit dans le cœur de l'homme. »

J'ai pensé à cet homme. J'ai pensé aux premiers hommes et aux premières religions. Une chose m'est apparue évidente : plus que le sens de Dieu, ce sont la peur, l'incompréhension et la non-acceptation de la souffrance qui sont à l'origine de la création des religions. J'imagine notre homme, seul dans la forêt. Ses peurs sont faciles à identifier : peurs du noir, de l'inconnu, de l'incontrôlable[19]. Devant sa faiblesse, il voudra se sentir plus fort. Ce qui est plus grand que lui deviendra Dieu, sur qui il s'appuiera pour combattre sa peur : le Soleil, la Lune, le Feu, etc. Je retrouve ici les premières vénérations du monde; nos premiers rituels, nos premiers sacrifices. Mais cela ne nous a pas suffi.

La peur était presque vaincue, mais la souffrance demeurait. Les maladies, guerres et différentes pertes de jouissance devaient être expliquées, et surtout, justifiées. Plutôt que de progresser dans les étapes du deuil, l'humanité s'est arrêtée à la recherche d'un coupable. C'est de SA faute si je souffre. Inconsciemment guidé par ce besoin de soulagement, c'est

---

19 Évidemment, aujourd'hui, avec nos murs et nos lampadaires, nous ne savons plus ce qu'est cette peur primaire enracinée dans la conscience de la fragilité de notre chair, tout simplement. Une nuit dans le bois sans lampe de poche, sans tente et sans rien vous rappellera que tout ce que nous entendons sans voir est très stimulant pour notre cerveau. Tout ce qui craque dans le noir devient nécessairement énorme, tout ce qui s'approche dans la nuit sombre est évidemment suspect.

probablement à ce moment que sont apparus dans notre histoire les multiples récits de la création du monde, avec un homme, un demi-dieu ou un démon qui vient s'en mêler et c'est de SA faute si tout va mal encore aujourd'hui. Un bouc émissaire universel, d'autant plus pratique si nous pouvons en avoir une incarnation plus faible sur qui déverser notre fiel. Par exemple, un animal quelconque, ou encore la femme en général et chaque femme en particulier.

Cela dit, je précise que je ne rejette pas pour autant les deux magnifiques récits de la Création tels que trouvés dans la Bible. En lien avec la précédente réflexion, je me suis arrêté au deuxième poème. On y retrouve Adam, Ève et le serpent. Ces lignes, qui ont si souvent servi de soupape pour soulager le despotisme patriarcal occidental, nous parlent avec profondeur non pas d'un péché originel, mais de deux péchés que je qualifierais plutôt d'universels.

Tout d'abord, « vous serez comme des dieux ». Cette parole du serpent trouve une terre fertile dans l'indélogeable tendance de l'être humain à se prendre pour Dieu, à vouloir prendre la place de Dieu, à vouloir être maître, alpha et oméga de toute chose. Cette prédisposition à vouloir être « comme des dieux » apparaît chez nous dès la plus tendre enfance, alors que bébé se prend pour le nombril du monde autour duquel tout gravite. Comme si tout ce qui nous entourait était à notre service, pour répondre à nos besoins.

Ensuite, le texte nous dépeint aussi la propension de l'être humain à refuser ses erreurs et à reporter sa laideur sur son prochain. Adam, qui se sent pris au piège devant Dieu, se justifiera : « Ce n'est pas moi, c'est la femme que tu m'as donnée. » Puis, Ève fera de même : « Ce n'est pas moi, c'est le serpent. » « C'est pas moi qu'y a commencé », ai-je si souvent dit à ma mère en pointant mes frères ou ma sœur.

« La vanité et la déresponsabilisation sont vraiment présentes partout autour du globe. Quel serait le remède à ces deux tendances universelles? » me suis-je demandé pendant quelques heures. Prières, réflexions, jonglages et soudain… petit orgasme spirituel. Abasourdi et heureux, j'ai réalisé que ces deux péchés universels vont exactement à l'encontre des deux seuls commandements valables. La réponse, je l'avais sous les yeux.

Pour commencer, « aime Dieu de tout ton cœur, de toute ton âme et de toutes tes forces », ce qui veut dire : « Redonne continuellement à Dieu la place de Dieu dans ta vie. C'est lui le nombril du monde! » Ensuite, « aime ton prochain comme toi-même », ce qui revient à dire : « Commence par t'accepter et t'aimer en vérité, sans masques et avec tous tes masques à la fois, dans tes beautés comme dans tes laideurs, et apprends à aimer ton prochain de la même façon. »

Non, je ne crois assurément pas au péché originel. Je crois plutôt qu'au lieu de la vanité, Dieu propose l'humilité, et qu'au lieu de la déresponsabilisation, il propose la connaissance de soi et la cohérence. Deux péchés universels, deux commandements universels. Voilà la seule volonté du Père, celle que le Christ a suivie même dans la croix. Fais cela, et tu ne pécheras jamais!

Citation du jour

« Depuis la formation des planètes jusqu'au feu de forêt en passant par les ères de glaciation, tout nous parle d'une certaine violence nécessaire à la vie, qui elle-même est un combat. La vie est ainsi faite, ainsi voulue et ainsi bonne. Telle est la sagesse de Dieu, grande folie aux yeux des hommes : ce sont les deuils qui nous font grandir. » rémy

Citation du jour (première partie)

« À ne pas vouloir mourir, on fuit la vie. »

rémy

Citation du jour (deuxième partie)

« Âne pas vouloir mourir »,

proverbe amérindien par rémy

Adage connu :
« La mort est la seule
justice ici-bas. »

Bientôt, ce ne
sera plus vrai.
Les riches se
cloneront le cœur
et se puceront le
cerveau. L'argent
et la technologie
deviendront leurs
organes vitaux. Mais
combien grande sera
la perte de ceux
qui auront gagné
« l'éterrenité »!
Ils la paieront peut-être
du prix de leur vie. Leur
âme risque d'y laisser
sa peau à force de lan-
guir après l'Éternel.

Spiritualité

Swami Océan : « Dieu n'est autre que *I am*. Il n'a jamais pensé à se donner un nom. Il est, tout simplement. Et à cela nous devons tout abandonner, la moindre parcelle d'égo, pour le laisser être. Telle est la paix. »

Mon cerveau part dans toutes les directions. Mon cœur aussi. Je ne veux pas parler pour parler, contredire pour contredire. Je ne voulais pas créer une tempête dans un verre d'eau avec le *shalom*. Et pourtant… Quel orage! J'ai essayé d'expliquer aux swamis que pour moi, la paix n'était pas la disparition des différences, mais la présence de Dieu au cœur des opposés. *Shalom* (paix en hébreux) s'écrit avec trois lettres. Chaque lettre a une signification bien particulière. Esh, Lamed, Mem. Feu, Balance, Eau. La paix, c'est le Feu et l'Eau équilibrés par la présence de Dieu. Les contraires qui cohabitent plutôt que de chercher à s'annihiler.

Je ne rejetais pas la définition de la paix de Swami Océan. Je voulais tout simplement démontrer que je recherche intensément ce que certains appellent contradictions, et qui ne sont en fait que paradoxes. Je les cherche, car ils me permettent d'approfondir le mystère de Dieu et de comprendre la complexe simplicité de la vie. J'accepte donc la définition de la paix telle que présentée par Swami Océan. Se fondre en Dieu et tout lui abandonner mènent assurément à la paix. Mais pour que cette définition soit lumineuse, je dois y trouver un paradoxe sur qui la frotter afin de produire l'étincelle. Dans le *shalom*, Dieu vient me dire que je dois apprendre à vivre avec mes propres contrariétés, accepter chacune des parties refoulées de mon être, ne pas laisser le feu chasser l'eau, ni le contraire. Je ne m'oublie pas, je ne m'abandonne pas. Au contraire, je me réapproprie la moindre parcelle de mon égo afin de vivre dans la paix.

Les swamis insistaient aussi sur l'insignifiance de notre être et sur l'importance de se laisser absorber par « *I am* », comme une vague dans l'océan. C'est une belle image. Mais comment oublier qu'un océan n'est pas constitué uniquement de vagues? Il y a aussi les poissons, les algues, le sol, etc. Si Dieu est l'océan, suis-je appelé à devenir une vague et à me fondre en lui, ou alors suis-je un poisson qui ne saurait vivre en dehors de Dieu? Remarquez que je pourrais tout aussi bien être un albatros, qui doit plonger en Dieu pour me nourrir. Quelle image est la bonne? Laquelle peut se vanter d'être la plus vraie? Ne devrais-je pas tenir compte des trois et savoir qui je suis, où j'en suis dans ma vie?

Dans le « *I am* », si important pour les swamis, je reconnais qu'il y a un sommet. Disons l'Everest, l'objectif et le délice de tout grimpeur, de tout chercheur de Dieu. Mais avant d'y aller, il y a le mont Saint-Hilaire, les Rocheuses et les Andes. Et même après l'Everest, il y a le mont Saint-Hilaire, les Rocheuses et les Andes. Combien de personnes vivent au sommet de l'Everest? Si on y reste trop longtemps, n'y a-t-il pas la folie qui vient frapper? Et puis finalement, de la cime du mont Everest, que voit-on de la terre?

« *I am* » est encore probablement limitatif pour décrire Dieu. Ce sont des mots humains qui décrivent une expérience spirituelle très forte, mais encore humaine. Alors, doit-on refuser la lente révélation de Dieu à travers l'Histoire? À Abraham, il avait dit : « Je suis El Shaddai », souvent traduit par « Dieu tout-puissant », et apparemment plus près de « Dieu Montagne », selon les notes de bas de page de la *Bible de Jérusalem*. Pour Moïse, il devient : « Je suis celui qui est » et « Je suis le Dieu de vos pères », dans le même paragraphe. Puis, au fil des années et des pages, Dieu dévoile d'autres facettes de son « *I am* » : créateur, sauveur, tout-puissant, miséricordieux, avec les entrailles d'une mère, humble, amour, amoureux des faibles et de nos faiblesses, alpha et oméga, père, orgueilleux, patient, époux, jaloux, dans le Temple, dans la Création, dans le Cœur du Cœur de chaque être humain, etc.

Prendre conscience que « Dieu est », c'est le début et, pro-bablement, l'aboutissement du pèlerinage. Tout ce qu'il y a entre ces deux points est toutefois vital et voulu par Dieu dans sa sagesse. Dans ma vie, il m'est arrivé à quelques reprises « d'éplucher l'oignon ». J'ai enlevé une à une les dif-férentes couches de mon être. Oui, j'ai des émotions, mais je ne suis pas mes émotions; j'ai des projets, mais ne suis pas mes projets; j'ai une peau, mais ne suis pas ma peau; j'ai un nom, mais ne suis pas mon nom; etc. À la fin, que reste-t-il? Je suis. Un pépin. Presque rien. Une sensation de vide et de plein. Une intimité incroyable avec « Celui qui est ».

J'ai redonné tout ce que j'avais reçu, mais que se passe-t-il ensuite? Demeure-je au sommet de l'Everest dans cet état de transfiguration? Non. Ce que Dieu m'avait donné et que je lui ai redonné, il me le re-redonne. Et ainsi va le mouvement. Apporte ton eau, il en fera du vin et te le redonnera. Apporte ton vin, il en fera son sang et te le redonnera. Apporte ton sang et il en fera une fontaine d'eau vive et la redonnera. Plus je m'approche de lui et plus je suis. Pas son « Je suis », mais celui qu'il me donne d'être, celui dans lequel il me façonne. Car tout comme Moïse au buisson ardent, après m'avoir dit qu'il est, il me demande d'être à mon tour.

Spiritualité

Swami Terre Noire : « Qu'est-ce que Jésus t'a donné qui n'était pas dans l'Ancien Testament? Jésus n'a rien apporté de nouveau. »

Qu'est-ce que Jésus m'a donné, qui n'était pas dans l'Ancien Testament? Qu'a-t-on de plus dans une orange pressée qui n'était pas déjà dans l'orange? Rien. Et en même temps tout, parce qu'on y a un concentré de ce qu'il y a de meilleur. Sans la pelure! En se laissant presser comme une orange, les bonnes nouvelles de Jésus perdent leurs frontières pour se laisser couler et se mouler à la forme du verre, de la bouche et de l'intérieur de chacun de nous.

```
Bouchée d'esprit
 « J'voudrais couler, j'voudrais couler,
  j'voudrais couler, j'voudrais couler,
 j'voudrais… couler comme une rivière. »
                    Marie-Jo Thério[20]
```

Spiritualité

En pleine lecture d'un livre choisi par elle pour stimuler son amour de Dieu, Karine dépose le tout en riant parce que l'auteur veut y restituer son cheminement spirituel. Par la suite, elle ouvre la trousse d'objets quotidiens, en sort un miroir et une pince à cils et cherche à débusquer un poil. Un « maudit pouël » qui ne se laisse pas faire! Puis, elle retourne à sa lecture dans cette recherche toujours constante de l'amour brûlant de Dieu. Voilà la femme que j'aime. *Popcorn* jusqu'au bout des poils!

---

20 MARIE-JO THÉRIO, *Café Robinson*.

De : Karine
Envoyé : 13 octobre 2004 11:45:42
Objet : Les p'tites choses de la vie de Karine à Rishikesh...

— Je me lave les cheveux 1 fois par semaine, et le corps 2 à 3 fois par semaine. Ça me suffit!

— J'utilise seulement 1 chaudière d'eau pour me laver, cheveux compris. Ça me suffit. (Je vous mets au défi!!)

— Ça fait 1 mois et demi que je ne me suis pas épilée. Ça me manque!

— Je lave mes vêtements à la main pis ça fait même pas mal! (3 chaudières d'eau MAX.)

— Une gorgée d'eau pour me brosser les dents. (Tu essayeras ça Maryse, juste pour voir!)

— Je fais le pain chaque jour. Le pain se nomme CHAPATI. Farine de blé entier, eau et sel. C'est *cool* à faire!

— Mon matelas sent le moisi à cause de l'humidité. On s'habitue.

— J'ai cousu avec une machine à coudre à manivelle (sans électricité) et j'ai pas eu mal au bras!

— En 1 mois, moi et Rémy avons rempli une p'tite poubelle (style salle de bain) de déchets. Je vous mets au défi!!! Je gage 100 $ que c'est impossible au Québec!!!)

— Pour passer mon mal de gorge, je me suis gargarisée avec de l'eau salée. JE SUIS GUÉRIE!!! Vive le sel! (Très efficace en passant, mais faut être régulier!)

— Pour passer ma toux : de l'eau chaude. Ça marche!

— Les clous et la paire de ciseaux que j'ai achetés sont martelés à la main, du jamais vu pour moi. Je suis fascinée! (Qualité incontestable.)

— J'ai, dans ma penderie, 2 pantalons, 1 jupe, 2 bas, 1 soutien-gorge, 5 bobettes, 1 veste de laine, 1 paréo et 1 combine (chic!). Je ne manque de rien.

— Avant que je vous envoie ce courriel, y'a un bœuf enragé qui courait comme un malade dans la rue. Je ne suis pas allée me mettre devant.

— Mes dîners sont constitués de riz, légumes, légumineuses. Puis, une pomme ou banane ou orange en guise de dessert.

— Souper : CHAPATI, légumes (souvent un recyclage des restes du midi), légumineuses (souvent un recyclage des restes du midi), LAIT CAILLÉ (délicieux!), pomme ou banane ou orange. Ça ressemble à mes dîners, non?

— J'ai vu un chien plein de puces manger de la crotte de vache et une vache manger une pièce de carton. Ça fait dur...

— Parfois nous chassons les singes qui mangent les fleurs sur le terrain. C'est drôle de voir Rémy grogner pour protéger sa femelle!!!

À bientôt, mes chers amis. Je pense à vous. De façon globale et également de façon individuelle. J'espère que la vie est bonne avec vous! Portez-vous bien.

Karine

Choc*culturel

Je n'ai pas de difficulté à m'adapter au dépouillement technologique. Depuis quinze minutes, l'électricité est partie et revenue trois fois sans que je sourcille d'impatience. Je ne peux rien y faire. Par contre, je me retrouve complètement abasourdi devant le carcan de lois qui vient avec l'hindouisme.

Les gens qui s'imaginent trouver ici plus de liberté que dans l'Église catholique se foutent un doigt dans chacun des orifices du corps en même temps. Sommes-nous ici dans le lieu le plus strict de cette religion parce que sanctuaire du Gange? Je ne sais pas. Mais… Mais quoi? Je ne peux que soupirer devant l'attirail de prisons qui sont ici véhiculées.

Par exemple, la toute puissante suprématie des animaux reliés aux dieux empêche jusqu'à la culture de fruits pour les êtres humains. Explications : Hanuman est un dieu à tête de singe, donc tous les singes sont comme des dieux. Mais voilà : ils mangent toutes les fleurs des arbres. Pas de fleurs, pas de fruits. Pas de fruits, pas de nourriture. Impossible de cultiver quoi que ce soit. Les singes saccagent tout.

Mais attention! Ce sont des dieux. On ne peut pas les chasser trop brutalement! Sinon les Indiens eux-mêmes vous expulseront sans douceur. De leur côté, les milliers de joyeux pèlerins qui viennent ici offrent tout de même un petit quelque chose aux singes repus, mais bien souvent ne donnent pas grand-chose au quêteux chétif. Mais c'est pas grave! Ils ont offert à manger à Hanuman!

Spiritualité

Hier après-midi, j'ai rencontré Swami Océan dans le silence. Simple. C'était la première fois que j'osais demander à quelqu'un de partager ce si précieux silence dont on parle tant. J'étais nerveux et je le suis demeuré pratiquement tout au cours de l'expérience. Comme un jeune puceau qui craint de ne pas être à la hauteur. Description : j'arrive à sa chambrette à l'improviste, ce qui le réjouit et le contrarie tout à la fois. Je lui dis : « *I didn't come here to talk to you. We talked enough yesterday. But I would like to share the silence with you*[21]. » Il s'est assis sur son lit et a fermé les yeux. Pas besoin d'en dire plus. Même pas un « oh oui quelle bonne idée » ou un « tiens donc, comme c'est surprenant ». Rien. Il s'est assis et a fermé les yeux. Nous avons savouré ce silence jusqu'à ce que le téléphone nous reconnecte au monde extérieur. Sa fille, Mataji Fire, annonçait l'heure du thé. Alors nous avons pris le thé.

Bouchée d'esprit
« *Behind the door of the third eye, there is you. You don't have to be afraid*[22]. »
Sister Thelma

---

21 « Je ne suis pas venu pour vous parler. Nous avons assez parlé hier. J'aimerais partager le silence avec vous. »
22 « Derrière la porte du troisième œil, il y a toi. Tu n'as pas à avoir peur. »

Choc∗culturel

Nous revoici dans le train, et cette fois, le rideau de la fenêtre est baissé. De toute façon, c'est la nuit. Dans le triporteur qui nous a menés de Rishikesh à la station de train de Haridwar, je me suis rendu compte que mon regard avait changé. Après un mois et demi en Inde, je vois moins les taudis et plus les gens qui y vivent simplement.

Je me rappelle que, lors de notre voyage Delhi-Haridwar, alors que tout ce que je voyais me levait le cœur, j'avais tout de même enregistré l'image d'une femme qui, au petit matin, peignait ses très longs cheveux noirs sur la terrasse de son taudis. Une image que je peux maintenant apprécier.

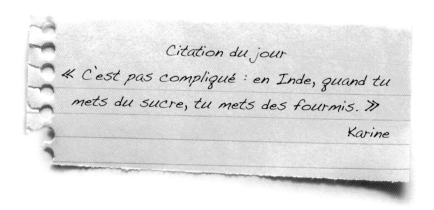

Citation du jour
« C'est pas compliqué : en Inde, quand tu mets du sucre, tu mets des fourmis. »

Karine

Bouchée d'esprit
      « *Everything is an extra*[23]. »
                             Sister Jyothy

---

23 « Tout est un extra. »

De : Rémy
Envoyé : fin octobre
Objet : Bain de foule

Notre séjour à Rishikesh est terminé. Après les montagnes et le silence, nous nous sommes retrouvés dans la ville de Bhopal pour une Youth Convention[24] avec 1 500 personnes. Comme nous avons pu le constater ailleurs en Inde, les gars se touchent, c'est débile!!! Main sur l'épaule, main dans la main, collés l'un contre l'autre, serrés dans les bras. Y s'embrassent pas pis c'est toute! Même que, à notre arrivée en Inde, on était sûrs que 50 % de la population était homosexuelle! Mais non... C'est l'expression de l'amitié naturelle entre deux gars. Paradoxalement, l'homosexualité est condamnée.

Je ne sais pas si vous pouvez vous imaginer ce que peut ressentir une famille de Noirs en plein milieu de Saint-Jude? Deux Blancs au milieu de mille cinq cents Indiens, c'est pire!! En 5 jours on a du se faire dire à peu près 1 000 fois : « *Can I have a snap with you please?* » Qu'est-ce qu'un *snap*? Une photo. On l'a appris assez vite. Un vrai bain de foule. Surtout que le responsable nous a présentés comme un couple aventureux et très intéressant alors « n'ayez pas peur d'aller les voir et leur parler ».

Malheureusement, mes intestins ont foutu le bordel hier, accompagné d'un pic de fièvre, et pendant quelques heures, « toutt me tapait sé nerfs!! » J'étais tanné des courbettes devant les évêques, des « *only one snap* », de la douceur de la voix et de la raideur de la main qui t'empoigne le bras. J'étais saturé par le bruit constant, les cris de fou, la dénonciation de la globalisation, la bouffe épicée et mon odeur corporelle qui change et qui ne sent pas bon. J'étais abruti par le *popcorn* de questions qui ne nous permet jamais de pouvoir finir une réponse, car plus un Indien te pose de questions, plus il s'intéresse à toi. La réponse n'a guère d'importance. Oui, hier, j'étais tanné, mais ça va mieux. Et maintenant, on est « *most welcome* » partout en Inde[25]! À plus!

rémy

xxy

———————————

24 Convention jeunesse.
25 « On est PLUS QUE BIENVENUS partout en Inde! »

De : Karine
Envoyé : 30 octobre 2004 14:51:14
Objet : Les 1 001 visages de l'Inde!

La semaine dernière, je suis tombée sous le charme. Nous sommes allés à Bhopal pour une convention de jeunes Indiens de toutes les régions. Que de différences culturelles! Nous avons découvert l'Inde du nord-est. Les Indiens du nord-est ont les yeux bridés comme les Chinois! Nous avons dansé des danses tribales avec les Tamouls (N.B. Un Tamoul, c'est pas un turban, c'est un Indien du Tamil Nadu, province du sud). On était presque en transe.

Tout au long de l'évènement les jeunes Indiens étaient débordants d'énergie et joyeux, ils chantaient, dansaient, criaient, frappaient du tambour. Dynamiques à l'os! Un soir, ils m'ont fait asseoir sur une chaise et m'ont levée dans les airs. Ils me lançaient et me rattrapaient en dansant. Je me sentais comme dans le tapis volant à la ronde. Ensuite est venu le tour de Rémy. C'était drôle de le voir rebondir dans les airs!

Maintenant, on est a Bangalore pour un mois, ville techno indienne qui se développe à un rythme phénoménal. C'est une très belle ville, propre, prospère, circulation fluide, pollution de l'air 100 %. On a assisté à la fête d'un temple hindou. Magnifique! Ils avaient conçu des chars allégoriques garnis de milliers de fleurs fraîches, prêtes à éclore, des centaines de lumières de Noël illu-minaient les chars qui abritaient divers dieux tous plus gracieux les uns que les autres. Pis y'avait DU MONDE!!!! Débile! On était les seuls Blancs de la place. Disons qu'on s'est fait remarquer!

L'aventure est très excitante! Joie!

En fin de semaine, on célèbre nos 3 ans d'amour! Priez pour nous!!

Bon calfeutrage!

Karine

Bouchée d'esprit

« *I've never been in that part of the world*[26]. »

Father Sunny, dans le parc industriel de Bangalore, sa ville adoptive depuis 10 ans

CHRONIQUE D'UN INSOMNIAQUE CHRONIQUE

Nous voici maintenant dans la capitale technologique de l'Inde, où toutes les grandes compagnies d'informatique de ce monde sont venues s'installer. Résultat : Internet super haute vitesse et du poulet frit Kentucky pour souper! D'une certaine façon, ce bain occidental nous fait du bien et nous permet de voir ce qui s'en vient pour l'Inde qui ambitionne d'être la future puissance mondiale. À écouter les politiciens parler, il est fort à parier qu'ils vont réussir.

Un peu comme nous dans les années 1950-1960, les Indiens réalisent qu'ils peuvent être autre chose que du *cheap labour*. Différence notable par contre : ils sont un milliard. Quand un milliard de consommateurs se réveillent, ça fouette une économie.

Je note aussi que, comme tous les adolescents du monde, ils n'apprendront pas des erreurs des autres. Ou si peu. Ils passeront d'un extrême à l'autre, et j'ai déjà hâte au retour du balancier. Bientôt, la simplicité volontaire devra être promue à la grandeur du pays. Mais pour l'instant, on ne peut même pas les blâmer pour ce qui se prépare.

---

26 « Je n'ai jamais mis les pieds dans cette partie du monde. »

Choc*culturel

« Les amoureux qui s'bécottent sur les bancs publics,
bancs publics, bancs publics,
en s'foutant pas mal du regard oblique
des passants honnêtes[27]… » Brassens

Pour fêter notre anniversaire de rencontre, nous sommes allés faire un tour dans un parc à l'extérieur de la ville. Sur un banc public, un singe baise une guenon. Assez bestial merci! Les dents bien sorties, les cris stridents et l'éjaculation presque instantanée. La femelle ayant toutefois opté pour le coït interrompu, le sperme s'est retrouvé sur le banc de parc. Devant nos yeux éberlués, le mâle s'est aussitôt penché pour laper, siroter et finalement aspirer comme un gros jujube sa belle coulée de sperme blanc[28].

---

27 GEORGES BRASSENS, *Les amoureux des bancs publics.*
28 Réaction de Karine : « Une chance que Ginette Reno est tombée dans les tomates, parce que, si elle s'était assise sur un banc de parc en Inde, je ne sais pas de quoi aurait eu l'air le pauvre Léolo! » Évidemment, il faut avoir vu le film pour comprendre.

Spiritualité

Tout comme j'ai réfuté dernièrement l'existence du péché originel, je pose le même regard sur la double notion d'un paradis perdu et à retrouver. Structurons :

L'idée d'un paradis perdu est directement reliée à la faute originelle nous ayant fait perdre ce lieu idyllique et cette présence perpétuelle de Dieu. Je crois en fait que ces mythes découlent directement de l'incapacité humaine à vivre l'instant présent et à accepter la souffrance. Combien de fois ai-je entendu mon grand-père dire que « c'était ben mieux dans l'temps »! Moi-même, commençant à me faire vieux, je nostalgise de temps à autre. Cette conscience d'une perte nous amène à idéaliser ce qui fut. Le même phénomène se produit lors d'un deuil. Nous idéalisons la personne morte, parfois jusqu'à la cristalliser dans une fausse perfection, ce qui nous empêche nous-mêmes de franchir les étapes du deuil.

Socialement parlant, nous reproduisons le même modèle. Il n'est pas rare dans l'Histoire de voir des êtres humains ou des époques sacralisés. La littérature amplifie tel ou tel aspect d'une victoire, et un roi devient le symbole de tout un peuple, qui espère un jour revivre les jours fastes connus à cette époque. Comme si la souffrance, le temps d'un règne, s'était éloignée de ce peuple. Comme si personne n'avait été tué au combat.

Portée à nue, cette tendance de l'être humain à regretter et à embellir le passé aboutit forcément à la création d'un moment premier, où tout aurait été beau, pur et parfait, et où la mort, cette indésirable tache (ou tâche), n'aurait eu aucune prise. À noter que, dans ce cas-ci, lorsque je parle de la mort, je pourrais en fait dire « les morts », puisque j'y inclus toutes formes de mort à soi-même, toutes contrariétés.

De même, plusieurs portent cette idée d'un paradis à venir, d'une ère de paix où le lion et la brebis dormiront ensemble. En fait, ce qui nous est encore vendu ici, c'est une paix où la souffrance et tout ce qui pourrait entraver la tranquillité n'existent plus. C'est une paix de l'égo, où chacun de mes désirs se voit réalisé, où mes rêves deviennent instantanément réalité. Ou encore, une paix où les désirs n'existent tout simplement plus. Où je n'ai plus de choix à faire, de décision à prendre et donc, où je n'ai plus aucune responsabilité et où il n'y a aucune conséquence à mes actes.

Dans un cas comme dans l'autre, c'est le feu sans l'eau ou l'eau sans le feu. « Demain, je serai bien plus heureux demain », nous chante Pierre Lapointe[29]. Toujours cette tendance à remettre à plus tard. Que ce soit demain où dans 350 000 ans, comme j'ai entendu dernièrement de la bouche d'un moine hindou, cette ère de paix sur terre est une projection du désir de l'homme de ne plus combattre.

Or, qu'est-ce que la vie, sinon un combat? Chaque seconde, notre cœur se bat pour vivre. Presque toutes nos décisions impliquent un combat, un deuil. Je pourrais prendre chacun des aspects de la vie et j'y retrouverais une lutte : individuellement, philosophiquement, monétairement, socialement, spirituellement, psychologiquement, politiquement. Ce qui m'amène à penser que, même après la mort, il pourrait y avoir duel, aussi frustrant cela soit-il. Alors que l'on voudrait le repos éternel, alors que ça nous fait du bien d'imaginer qu'il « repose en paix », je m'interroge soudainement sur le bien-fondé de ces expressions consolatrices. Comme si elles n'étaient encore une fois que la projection du légitime désir d'être heureux, malheureusement teinté par une notion de bonheur lymphatique.

---

29 PIERRE LAPOINTE, *Plaisirs dénudés*.

Chrétien de nature, je ne peux m'empêcher de me référer au fait que le Messie proposé en Jésus était bien loin de ce que la majorité des juifs attendaient et attendent encore. De même, la notion du bonheur trouvé dans les Béatitudes. À mon grand dam, Dieu est déroutant et dérangeant. Je dis « à mon grand dam », car je ne suis pas différent. Malgré tout ce que j'écris, je n'en demeure pas moins orgueilleux et paresseux. J'aspire souvent à une tranquillité complète et sans bataille, à me faciliter la vie, à vivre et me laisser vivre. L'idée même d'avoir à combattre toute ma vie me répugne. Étrangement toutefois, j'ai l'impression que ce déni intérieur m'indique que je m'approche d'une vérité fondamentale. En fermant les yeux, je constate qu'il y a combat à l'intérieur de moi sur un fond de jubilation. Tout mon être est en pleine contradiction. En clair, cela veut dire que ça me fait chier de savoir que c'est vrai.

Pour mon propre bien, je résume. L'infiniment grand est contenu dans l'infiniment petit. Ainsi, l'atome a son noyau autour duquel gravitent les planètes. De même, les tendances de l'être humain à petite échelle peuvent être reportées à l'échelle sociale. Je retrouve dans la notion d'un paradis perdu, la nostalgie des bonheurs du passé et du bon vieux temps, et dans l'idée d'un temps de paix à venir, le réflexe de remettre à demain l'effort qui pourrait nous rendre heureux aujourd'hui. (Mais alors, s'il n'y a pas de monde de paix à attendre, qu'est-ce que l'espoir?)

Je pense à une de ces histoires un peu cucul qui circulent sur Internet : « Maintenant, mon bébé est aux couches, mais bientôt il saura marcher, et là, ce sera intéressant. Maintenant, mon enfant marche, s'accroche partout et casse mes bibelots, mais bientôt il ira à l'école, et là, ce sera intéressant. Maintenant, mon enfant est à l'école, n'écoute pas toujours, est influencé par les autres, mais bientôt il sera plus grand et nous pourrons discuter, et là, ce sera intéressant. » « Et je me disais, comme un pauvre imbécile, demain, je serai bien plus heureux demain[30]. » (Pierre Lapointe)

Combien de personnes dans mon Occident natal se disent qu'ils donnent un gros coup maintenant dans l'espoir d'une retraite paisible, tranquille et sans souci ? Combien parmi eux y parviennent vraiment ? En vérité, aucun. Parce que, s'ils n'ont jamais appris à vivre et à goûter l'instant présent, avec ses inspirations et ses expirations, comment pourront-ils soudainement, comme par magie, acheter la paix de l'âme ?

Choc*culturel

Malgré l'assiette de babeurre au riz presque indigeste, je reste sur mon appétit. J'ai soif de rencontres. Notre hôte joue aux cartes, rote et pète de temps à autre. Discussions brèves. Un peu sèches. Coq-à-l'âne. Pose une question, n'écoute pas la réponse. N'écoute pas la question, donne une réponse. Pas toujours la réponse à la question, mais une réponse est une réponse, alors on la prend et on lui invente secrètement une question pour satisfaire notre besoin de logique cartésienne occidentale. Je ne sais pas qui m'a mis dans la tête que la réponse à une question avait la moindre importance.

---

30 Pierre Lapointe, *Op. cit.*

Spiritualité

« Qu'est-ce que l'espoir? » Tentative.

Dans la prière comme dans la réflexion, mon cerveau et mon cœur sont très fuyants devant cette question. Je me la ramène continuellement, mais ne peux m'y attacher pour plus de quelques minutes. Pourquoi? Parce que je refuse de définir théoriquement ce qui est parfois gravé par la vie dans les entrailles de certains qui côtoient quotidiennement la guerre ou la famine. Pour plusieurs, l'espoir est la raison de vivre. Il vient mettre du bois dans le feu. Et moi, petit bourgeois à la bohème de luxe, je ne me sens pas le droit de définir ce qu'est l'espoir pour ces gens-là. Tout de même, j'ai souvent un pincement au cœur en constatant l'objet de leur espérance. Tant de faux espoirs matérialistes circulent et finissent par ternir le désir de vivre lui-même, après l'avoir stimulé parfois pendant des années. Cela dit, je tente malgré tout de définir l'espoir par écrit, pour moi-même.

Je suis certain que, si j'ouvrais le catéchisme ou la *Somme théologique* de saint Thomas d'Aquin, je trouverais une belle réponse toute faite, toute prête à calmer mon malaise. Mais, aussi drôle que cela puisse paraître dans la bouche d'un chrétien, je n'ai pas envie de me faire dire que l'espoir réside en Jésus Christ. Je cherche une réponse beaucoup plus universelle, plus catholique.

L'espoir est un caméléon qui prend la couleur de son environnement culturel et spirituel. Il peut aussi être un poisson qui nous glisse continuellement des mains. Il est de l'ordre du désir. Se pourrait-il alors que tous nos petits désirs quotidiens, tous ceux qui mènent à nos petites joies quotidiennes, soient autant d'occasions d'apprendre à espérer? Parce que j'imagine que, comme dans toute chose, il doit bien y avoir un apprentissage. Voilà peut-être un cours à inscrire dans la prochaine réforme scolaire!

En quoi mettre mon espoir? De quoi aura l'air l'avenir de l'humanité? Certains dictons contiennent parfois la plus sage des réponses. Je pense à « plus ça change, plus c'est pareil ». Depuis le début de l'humanité, guerres de religion, exploitation, empires, jalousie, pouvoir et manipulations fréquentent désir de changements, contemplation, implication sociale et défense des plus petits. Les uns ont besoin des autres pour exister. Nous sommes toujours le crétin de quelqu'un d'autre et donc, par le fait même, sa raison de vivre, de combattre, de se dissocier et de se personnaliser.

Donc, si j'imagine demain, il est clair et évident que nos enfants referont les mêmes bêtises que nos grands-parents, que nos parents, et que nous-mêmes. De génération en génération, certaines traditions ne se perdent pas! Par exemple, le français et les mathématiques ne sont plus enseignés de la même façon que dans mon temps, mais dans toutes les écoles du Québec, il y a encore des *rejets* : des petits ados pas bien dans leur peau, qui n'ont pas d'amis et dont personne ne veut. J'en suis sûr. Et dans quelques siècles, il y en aura encore. Tout comme j'imagine trop bien la flopée de missionnaires qui partiront de galaxie en galaxie pour aller dire à tous les habitants de l'univers que Jésus Christ est le seul sauveur, avec toutes les persécutions qui viennent avec de telles prédications. Encore et toujours les mêmes niaiseries, les mêmes comportements élitistes et les mêmes conquistadors.

C'est l'éternelle routine du « j'ai besoin de piquant dans ma vie ». Désespérant, non? Non. Seulement pathétique. Simplement inévitable. Assurément démotivant. Et peut-être un peu désespérant, finalement. Alors serais-je mieux de mettre mon espoir dans une illusion? De me dire que, demain, tout ira mieux, que la bêtise n'existera plus et que le lion mangera avec la brebis? Je m'y refuse.

Mon espoir se doit d'être coulé dans le roc de la vérité. Mon espoir se doit aussi d'être moulé à l'échelle de mon humanité. Il ne doit pas être la projection d'un avenir improbable, mais dans ce que je peux faire maintenant. Quelle impressionnante différence entre « j'espère réussir » et « je réussis »! Comme un doute qui s'envole. Comme une pression qui s'ajoute. Comme la périlleuse possibilité d'oublier que Dieu est là et de croire que seul mon orgueil suffit. Ou encore, comme la périlleuse possibilité de me rappeler que Dieu est là, maintenant, dans l'instant présent[31].

Mais alors, qu'espère-je? À vrai dire, j'espère que je goûte le moment présent. Donc... Conclusions personnelles pour appliquer l'espoir dans ma vie :

A. J'apprends à vivre et à déguster l'instant présent. J'apprends à vivre sans l'espoir.

B. Plus que jamais, je brise la solitude et je m'ouvre les yeux sur la multitude de guerriers pacifiques qui se battent présentement pour que maintenant soit meilleur.

C. Je plante des arbres pour que mes enfants puissent manger leurs fruits et qu'un bûcheron finisse par les couper.

D. Je réalise que ce que je combats est mon meilleur allié, car il me pousse à me dépasser.

---

31 Le lecteur averti se demandera : « L'auteur se serait-il trompé? Pourquoi "périlleuse" revient-il encore? Quel danger y a-t-il à se souvenir de Dieu? » Sachez donc, cher lecteur averti, qu'il est effectivement possible de croire qu'il n'y a aucun danger à se rappeler la réconfortante présence de Dieu. Mais croyez-vous vraiment qu'il me laissera tranquille? C'est mal le connaître!

De : Karine
Envoyé : 18 novembre 2004 04:39:11
Objet : Nouvelle expérience : Jean Bosco, vous connaissez?

Allô, tous!
J'espère que la vie est belle par chez vous malgré les couleurs parfois ternes de novembre. Nous, nous allons très bien.

On est présentement avec une cinquantaine de jeunes garçons de la rue (5 à 16 ans). Ces enfants ont beaucoup besoin d'amour et de présence parentale. On fait ce qu'on peut pour leur apporter un brin de réconfort et de joie. Malgré tout, ils sont dans de bonnes conditions dans ces lieux (organisme Jean Bosco). Ils ont suffisamment de nourriture, plein d'amis et des jeux à volonté. Ils jouent avec un rien! Une ficelle, des lunettes brisées, des bouts de bois, un bâton de cricket, ils courent après les balles sans chaussures!

Ces jeunes parlent le kannada ou le tamil, on communique seulement avec des gestes et avec les yeux. C'est assez limite! Certains ont de magnifiques sourires plein d'espoir, certains ne sourient jamais. Il y a un petit garçon (5 ans) qui se colle toujours sur moi. J'arrive rarement à le faire sourire, et jamais à le faire rire... Il est inerte et dort souvent dans mes bras.

Un autre est cardiaque. Ses parents l'ont abandonné probablement pour cette raison. Il a du mal à respirer (par son attitude, il me fait penser à toi, Lulu, quand tu étais enfant...). Il ne se sert pas de sa maladie pour avoir de l'attention. Il est autonome, solitaire, un peu résigné. Il ne peut pas jouer avec les autres enfants. Il les regarde. Il souffre en silence, mais lorsque je m'occupe de lui, il est si heureux. Du coup, ses yeux s'illuminent. Et il aime le café, ce p'tit coquin!

Je suis pleine d'admiration pour les adultes qui donnent leur vie pour sortir ces enfants de la rue. Chapeau!

On vit ici des beaux moments. Je pense à VOUS qui aimez les enfants, à VOUS qui avez des enfants, et je me dis que vous tomberiez certainement sous le charme de ces jeunes âmes en soif d'amour et d'attention!

La semaine prochaine on va a GOA. Ayayayou! Plage, soleil, p'tite broue et Festival international de films au programme! Je vous tiens au courant!

Karine (et son tendre et bien-aimé Rémy)

Ce soir, avec les enfants, on a écouté *Spy Kids 3* (!!!). Pendant les publicités, évidemment, le chaos reprenait le dessus sur le silence. Jusqu'à ce que, tout à coup, une annonce de voiture commence avec un père qui s'amuse joyeusement avec son fils. Silence. Tout de suite après, une autre annonce où un père joue au cricket (sport national) avec son fils en nous vendant des assurances pour les enfants. Silence total.

Je ne m'étais jamais arrêté à ces images de bonheur familial qu'on nous vend à toutes les sauces. Mais quand on est assis par terre avec 60 jeunes orphelins, ça prend une autre tournure. J'avais le goût de me lever et de leur dire que la publicité, c'est d'la vraie *bullshit*, de ne pas s'y arrêter… mais ils ne comprennent pas l'anglais et je ne parle pas les langages locaux. De toute façon, ils ne m'auraient pas écouté. Alors, je me tais et je suis là, comme un père temporaire.

Spiritualité : L'espoir (suite)

« J'apprends à vivre sans l'espoir », ai-je écrit. Pourtant, je ne peux bannir le mot « espoir » de mon vocabulaire. L'exemple simple et efficace du château de cartes, qui me fut donné par Karine (que je salue au passage et que j'embrasse de tout mon cœur), démontre que ce qui motive le constructeur du château à reprendre lorsque tout s'effondre, c'est l'espoir de réussir. Cette projection dans le futur fournit la persévérance nécessaire dans le présent.

La persévérance. Suis-je persévérant? Bien sûr que non. Je suis moi-même tributaire de ma société de consommation magique et de bonheurs instantanés. Je suis peut-être plus patient dans certains domaines. Je n'hésite pas à prendre un chemin plus long, s'il est plus humain, pour résoudre un problème. Mais la persévérance, au sens impressionnant du terme, ça non. Je n'aurais jamais pu être un athlète olympique, ni même un joueur de hockey ou un médecin ou un musicien. Trop long. Trop d'heures d'entraînement par jour. Même pour la méditation, je n'y passe pas le temps qu'il faudrait pour vraiment pouvoir l'enseigner avec profondeur. Du lièvre ou de la tortue, je demeure bien souvent le lièvre. À moins que je ne sois une tortue qui agisse comme un lièvre.

Conclusion : je n'ai jamais réussi un château de cartes. Mais ai-je déjà vraiment voulu réussir un château de cartes? Ben oui, justement! Je ne connais personne qui entreprenne pareille aventure sans le désir de réussir. Et pendant quelques minutes, j'ai moi aussi cru que ce serait facile. Puis, j'ai abandonné. En fait, peut-être que mon espoir était mal placé. Si je m'étais dit : « J'espère faire tenir trois cartes », j'aurais vaincu! Puis, j'aurais pu me dire : « J'espère que je vais faire tenir cinq cartes. » Découpé ainsi, mon espoir se serait enraciné dans les petites victoires et aurait grandi dans la réussite[32]. Voilà qui me ramène donc à l'importance de l'instant présent. Qu'est-ce à dire? Maudite bonne question. Je vais dormir là-dessus!

---

32 J'ai soudainement l'impression d'être un pseudo psy américain qui vient nous vendre : « *You are a winner, you can do it!* » Ouach! Évidemment, son livre est un *best-seller*, le gars se met riche et publie un second livre tout aussi insignifiant.

Rêvezzzz

Je marche tranquillement dans un village et, en toute simplicité, je prends le temps d'être attentif aux différents besoins qui m'entourent. « Comme ça fait du bien de ne plus vivre avec la pression d'avoir à rejoindre les gens », me dis-je en faisant référence au fait que, depuis que je ne travaille plus comme agent de pastorale, je me sens libre d'aller vers le monde sans avoir à vendre quoi que ce soit. Vraiment juste être là. Juste être vraiment là.

Je rencontre une petite fille qui me prend par la main et m'amène chez elle. Je la suis sans rechigner, intrigué. Arrivés à la maison, nous allons au salon et elle allume la télé. Je regarde, mais je m'ennuie rapidement et je lui explique tant bien que mal (elle ne parle que l'italien!) qu'il y a plein de choses mieux à faire que de regarder la télé.

Alors que je pars, je croise sa mère. Elle a mal au dos, car la chaise sur laquelle elle était assise vient de se briser. Elle va se coucher. Je rentre dans sa chambre et je lui dis : « Si vous avez besoin d'un nouveau mobilier de cuisine, je connais quelqu'un qui en a un à donner, mais il faudra faire vite. » Elle est surprise et heureuse de recevoir quelque chose gratuitement.

Puis, arrive un espace-temps, du genre « x mois plus tard ». Il y a deux moi. Un Rémy intellectuel et un Rémy émotif. Nous sommes à l'extérieur de la maison avec la petite fille et le Rémy intello n'arrête pas de parler, sur un ton égal et pragmatique : « Elle est folle! Elle en veut toujours plus. L'autre jour (et blablabla). Et encore là, elle a essayé de me fourrer (et blablabla), pis elle arrête pas de mentir (et blablabla). » Il parle de la mère de la petite fille, évidemment.

Alors qu'un flot vraiment ininterrompu de paroles sort presque mécaniquement de la bouche du Rémy intello, le Rémy émotif laisse échapper un gros soupir, lève les yeux au ciel et s'approche de la petite fille. Il s'accroupit devant elle, la prend par les épaules et lui dit : « Je suis désolé. On a donné ce qu'on pouvait. » Puis, il se met à pleurer en serrant la petite fille dans ses bras, et il pleure et il pleure et il pleure encore en disant : « Vraiment désolé, je ne peux pas donner plus... Il n'y a plus rien. » Et je savais qu'il nous fallait partir et abandonner la petite avec sa mère, qui nous avait complètement siphonnés.

Je me suis réveillé, les yeux pleins d'eau.

CHRONIQUE D'UN INSOMNIAQUE CHRONIQUE

Ma recherche d'équilibre dans le temps accordé à Karine, à ma famille, à mes amis et à mon travail est dénoncée par ma propre fierté et mon désir de performance. Ceux-ci me crèvent les oreilles en me hurlant que cette recherche d'équilibre n'est qu'une excuse me permettant de ne pas redonner au centuple. De plus, ajoutent-ils, cette recherche est surtout la source d'une défaite, puisque d'autres font un meilleur travail que moi en s'oubliant eux-mêmes. Pas facile de vivre à contre-courant de soi-même.

Spiritualité : fin de l'espoir

« Qu'est-ce à dire? », me suis-je demandé avant d'aller me coucher. Et la réponse me semble être : « En ce qui me concerne, l'espoir ne doit pas être reporté à un futur "futur", qu'il soit probable ou non. En ce sens, j'en arrive à me dire que je dois apprendre à vivre sans l'espoir, au sens traditionnel et futuriste du terme. Mais je dois simultanément apprendre à vivre dans l'espoir. » Est-ce clair? Presque.

Choc∗culturel

Sur le point de quitter l'orphelinat Bosco Mane, et ayant besoin d'un élastique pour mettre autour de notre paquet de savon en poudre, je me suis présenté à la réception. Acquiesçant à ma demande, la réceptionniste a ouvert un tiroir. Je m'attendais à y voir un paquet d'élastiques, comme dans tout bon tiroir de réceptionniste. Il n'y en avait qu'un, autour d'un paquet de cartes. Devinez où est l'élastique maintenant. Exemple de générosité? Oui, bien sûr. En fait, exemple d'une générosité quotidienne teintée d'une inlassable désinvolture et d'une certaine désorganisation.

CHRONIQUE D'UNE DÉVIATION CHRONIQUE

Durant ce voyage, je découvre que ma capacité à m'indigner semble ne pas connaître de limite. Je passe 90 % de mon temps à m'indigner, que ce soit devant quelqu'un qui se rentre les doigts dans le nez à deux pouces de ma face ou contre le traitement réservé aux animaux (qui en fait ne sont pas traités pantoute), ou encore devant les multiples changements de programme, les horaires inexistants des autobus, etc.

Au moment même où j'écris ces lignes, je suis indigné. Nous roulons présentement vers Goa. Seize heures d'autobus sur des routes cahoteuses. Le chauffeur se trompe de chemin et nous rallonge le trajet d'une heure ou plus. Dans le bus, tout le monde s'en fout. Sauf moi. Tout le monde semble heureux. Sauf moi. Apparemment, je me laisse déranger par des détails bien insignifiants. Qu'est-ce qu'un détour de quelques heures? Un pet dans l'univers.

Bouchée d'esprit
    « *By chance, we took the wrong
        road. We would have never
            seen this stone-pit*[33]. »
                                Father Sunny

---

33 « Par chance, nous avons pris la mauvaise route. Nous n'aurions jamais vu cette carrière de roches. »

De : Rémy
Envoyé : 4 décembre 2004 13:14:17
Objet : Du miel...

La voix de Michel Forget... Du miel pour les oreilles... Qui l'eût cru? Cette voix bien de chez nous que j'entendais, alors que j'étais confortablement assis au cinéma, me faisait un plaisir immense. Un délice pour les oreilles. Écoutez bien, la prochaine fois que vous l'entendrez. Je vous garantis que vous n'y trouverez sûrement pas ce que j'y ai trouvé après trois mois en Inde!

Je n'ai jamais vu autant de films de ma vie. Nous sommes au International Film Festival of India. Deux cents films de partout à travers le monde, dont une belle brochette de films de chez nous. J'ai hâte de voir la réaction indienne aux *Invasions barbares*! La réaction pour *Je n'aime que toi* était très bonne.

Notre meilleur film : *Diarios de motocicleta* (*Carnet de voyage*), un film qui nous raconte la naissance de la mission de Che Guevara. Vingt-deux ans, étudiant en médecine, il part avec un ami faire le tour de l'Amérique du Sud, pour enfin connaître ce qu'on leur a enseigné. Sur la route, il se laisse toucher par différentes rencontres avec les paysans sans terre, les lépreux (à qui il voulait dédier sa vie), etc. Le film est basé sur le journal des deux jeunes voyageurs.

À la fin de ce film, alors qu'il se sépare de son ami Alberto, le Che lui dit tout simplement : « *Yo ya no soy yo.* » « Je ne suis plus moi-même. » Ce voyage a changé sa vie et il a besoin de temps pour intégrer, pour fermenter. On connaît la suite : « Soyons réalistes, exigeons l'impossible », et il se fait descendre par la CIA.

Je ne sais pas si c'est parce que je suis moi-même en voyage, moi-même sur le point de m'investir politiquement, moi-même touché par les injustices qu'ils rencontrent ou moi-même tout cela à la fois, mais le film m'a rentré dedans. Et apparemment, le public indien a aussi beaucoup apprécié, à entendre les applaudissements à la fin du film. Le public, ici, applaudit toujours à la fin d'un film. Des fois 2 secondes, poliment, mais là, je l'ai entendu applaudir chaleureusement.

Fait cocasse : si quelqu'un siffle à l'écran, assurément quelques-uns siffleront dans la salle.

Au plaisir, mes chers amis! Prenez soin de vous et de ceux qui vous entourent!

rémy xxy

Nous avons vu le documentaire *War and Peace*, de Anand Patwardhan, qui porte sur les essais nucléaires indiens et pakistanais. Un documentaire de trois heures, rempli de petites bombes dont le bruit raisonne encore dans ma tête et m'empêche de dormir.

En voici quelques-unes :

* « *India is the only country in the world who can conquer any country of the world*[34]. » Un Indien

* « *Every Islamic is a nuclear bomb*[35]. » Une Pakistanaise

* *This happens only in India*[36] est une chanson qui nous disait que « le brave soldat s'en va en guerre, sa femme l'embrasse et pleure, cachée. Elle lui écrit des lettres d'amour et les lui envoie au front. Il n'y a qu'en Inde que ça arrive… » N'importe quoi!

* Une jeune Indienne, à propos de l'argent investi dans les armes, nous explique : « *It's not a waste. We sure need money when there is an earthquake but then, international help comes and they pay. So it's o.k. to put our money in arms*[37]. »

---

34   « L'Inde est le seul pays du monde à pouvoir conquérir n'importe quel pays du monde. »

35   « Chaque islamiste est une bombe nucléaire. »

36   « Cela arrive seulement en Inde. »

37   « Ce n'est pas du gaspillage. Bien sûr, nous avons besoin d'argent lorsqu'il y a un tremblement de terre. Mais, dans ces moments-là, nous recevons de l'aide des autres pays, alors c'est correct de mettre notre argent dans l'armement. »

Le tout sur un fond de religion fanatique, autant du côté hindou que musulman. Je suis sorti de ce film ébranlé, apeuré et inquiet. J'ai découvert un visage de l'Inde que je ne connaissais pas. Heureusement, le documentaire est fait pour sonner des cloches, pour amener les peuples à la réflexion et pour mettre fin à l'escalade de la puissance.

Un autre extrait du film m'a aussi beaucoup marqué. Dans un commerce, une mappemonde indiquait en rouge les pays actuellement musulmans et, dans d'autres couleurs, les pays chrétiens, hindous, etc. Puis, dans un coin, on voyait une deuxième mappemonde, plus petite, en haut de laquelle était écrit : « *In a 100 years*[38] »; toute la planète était rouge. Conquérir le monde. Tel est l'espoir des musulmans. Tout autant que celui de Rome, des États-Unis, de l'Inde, de la Chine, de l'Union européenne, etc. Tout l'monde veut convertir le monde à sa devise. Argent, pouvoir, contrôle. Au sens fort du terme. Ça me désespère. C'est donc que l'espoir doit exister. Au moins une bonne nouvelle!

Comment est-ce que moi, rémy perras sans majuscule, tenaillé par l'appel de la politique, par le désir et le rêve de devenir premier ministre et de pouvoir mettre un pied pesant sur le *brake* pour pouvoir ralentir à un rythme humain cette grosse machine bien huilée, comment puis-je aspirer à quoi que ce soit? David n'avait que Goliath à affronter. Il me semble avoir devant moi une armée de Goliath modifiés génétiquement, nourris à l'élitisme. Il me semble être moi-même un de ces Goliath. Que puis-je contre un système

---

38 « Dans 100 ans. »

où même la révolte est programmée, utile, profitable et rentable parce que déchirante et bonne vendeuse. Toujours diviser pour mieux régner. Est-ce que l'honnêteté et des projets de société constructifs sont assez vendeurs?

Comment expliquer aux producteurs de pétrole de l'Alberta qu'on pourrait être le premier pays à vivre sans pétrole? Aux producteurs, qu'on va garder notre viande au Canada et en produire moins, mais mieux? Aux grosses compagnies internationales que, chez nous, l'environnement et l'être humain passent avant les profits, et que ce n'est pas une raison pour aller polluer l'Inde puisque la Terre est un gros village et que les microbes finissent par aboutir chez nous pareil! Comment dire aux banquiers, aux pharmaciens et aux hockeyeurs qu'un plafond salarial, ça existe, et que trop c'est comme pas assez? Et à tout le monde que le bonheur ne tient pas dans une boîte en carton, mais que c'est pas tout de le savoir, il faut le vivre aussi! Ai-je vraiment une chance de me faire élire en promettant au monde : « Vous allez m'haïr, mais après un temps de transition, vous allez vous aimer! »?

Comment dire à CNN qu'ils ont tué la nouvelle? Aux journalistes, que je veux des articles de fond et la recherche de la vérité? À l'OMC, que nos lacs ne sont pas à vendre? Aux États-Unis, que nos forêts nous appartiennent? Aux boomers, qu'ils ne sont pas seuls au monde! Et à tout le monde, que la planète n'est pas jetable après usage comme les mautadits Swiffers!

Comment dire aux compagnies qu'on va produire pour longtemps, du solide, et que ma *strap* de char ne sera pas prévue pour péter dans 100 000 km? Comment expliquer que le Canada pourrait devenir un chef de file en matière d'humanisme, de simplicité, de respect? Comment dire que nos lois ne devraient pas être basées sur un verset de la Bible, du Coran ou de quoi que ce soit, mais sur une réflexion de société? Que chez nous, les femmes ne sont pas obligées d'être voilées? Qu'on accepte l'immigration, mais pas l'importation des conflits?

Enfin bref… Est-ce que tout cela n'est que vanité? Bien sûr que oui! Surtout si je me limite à mon désir de marquer mon époque, si je me limite à mon désir de me voir pousser plus loin ce que Gandhi et d'autres guerriers pacifiques ont fait avant moi. Mais, au moins, ma vanité aura servi à quelque chose de positif… Pouaaah! Quel vaniteux!

Bouchée d'esprit
        « Soyons impossible,
        exigeons le réel[39]. »
                        Tomas Jensen

---

39 Tomas Jensen, *Le cortège 2.*

De : Rémy Perras
De : Worotan
Envoyé : 8 décembre 2004 07:41:53
Objet : D'la marde!

Salut Caro!

Ton *email* me fait le plus grand bien. Merci beaucoup. Sans vouloir me plaindre et en toute honnêteté, ça ne vole pas haut depuis quelques jours... voire quelques semaines. Trois mois de chocs culturels quotidiens et de nourriture pas trop nourrissante ou trop épicée affectent grandement notre moral et notre énergie.

Ce matin, on s'est (encore) fait réveiller vers 5 h 30 par un paquet d'Indiens qui se lèvent et commencent leur journée en criant à tue-tête dans les couloirs de l'hôtel. Pas question de se déplacer pour se parler. La vitesse du son est plus rapide. Quoique, comme ils ne s'écoutent pas, ils sont obligés de crier 4-5 fois la même chose. Le délire.

Et d'autres détails nous brusquent quotidiennement depuis trois mois. Les mots « merci » et « excuse-moi » n'existent pas en hindi. La notion de reconnaissance ou de respect n'est pas du tout la même. Ici, on respecte l'autre parce qu'il a le droit de nous taper dessus. Parents, policiers, politiciens et tous ceux qui se donnent un certain pouvoir. Et ils sont nombreux!!

Je sais par expérience que le « 3 mois » est toujours un passage difficile dans un voyage d'un an. C'est le creux le plus fort. Et là, on fait comme une overdose de la différence. Tu sais, tous ceux qui prêchent pour l'acceptation et la découverte de la différence, j'espère qu'ils sont tous venus ici! Parce que, sinon, c'est de la théorie lymphatique. La différence nous confronte nécessaire-ment, et l'acceptation de la différence demande un effort inouï. Un effort que la plupart des Indiens ne sont pas prêts à faire non plus d'ailleurs, malgré le mélange de cultures présent dans le pays.

Ne t'alarme tout de même pas trop. Je ne suis peut-être pas aussi démoli que le courriel en a l'air. Nous comptons profiter de madame la plage et aller saucer nos jolies fesses dans la mer Arabique. Chaude et belle, bordée de plages de sable blanc. Pas mal... Y fait pas trop froid à la maison, j'espère? Ici, quelques Indiens ont des frissons, car il ne fait que 30 degrés... (J'te jure! Y'en a qui portent une tuque et c'est pas pour la mode!)

À bientôt, rémy xxy

Spiritualité

Nous voici maintenant à Arambol, Goa. La plage est hallucinante, l'hôtel est bien et le resto est succulent. Hier, on a mangé des macaronis. Même pas épicés! On était fiers et presque forts. Par la suite, je me suis laissé bercer par la chaleur et la douceur de la mer. Souper : frites, bière et rencontre d'un couple de Français. Discussions agréables. Bonne nuit. Déjeuner : crêpes aux bananes et au miel, œufs, petites patates et un pas très bon café. Tout allait pour le mieux.

Maintenant, à voir Karine sur le bol, notre voyage en Inde achève. Le visage au neutre, la respiration lourde, ses longs cheveux pendants sur ses épaules déconfites. En fait, à voir Karine, notre voyage achève tout court. Les bouffées de chaleur, les maux de cœur, l'angoisse et l'écœurantite ont recommencé et déferle à nouveau le chapelet de « pourquoi? ».

La peur de souffrir, de vieillir, la hantise de la mort, de la maladie, etc. Tout est là en même temps, et elle semble incapable de prendre du recul. Les consolations sont rares, et pas nécessairement à la hauteur des angoisses qu'elle vit. Je suis dépourvu. Je ne sais que dire ou que faire, que demander pour pouvoir écouter.

Toutes ces frayeurs, je les ai vécues et les revis régulièrement. Je sais que ce sont des périodes d'incertitudes et de remises en question. Lorsqu'elles viennent, en général, j'essaie de leur faire face et de les approfondir. Dans les plus grands tourments, je parle tout seul, j'écris, je pleure, je relâche, j'évacue, je fuis, je reviens et je creuse. Ça dure le temps d'une tempête ou d'un déluge. Je finis par marcher sur les eaux ou par voir au loin une colombe arriver la gueule pleine de rameaux. « Terre! Terre! », s'écrie alors tout mon être en soif de sécurité. J'accoste, et toutes les bêtes noires qui m'accompagnaient peuvent être relâchées.

Mais ça, c'est moi avec moi. Qu'en est-il de moi avec Karine? Est-ce que je dois demeurer sur la terre ferme, monter en bateau, monter dans son bateau, marcher sur les eaux? Dans l'état où je suis moi-même, je me sens incapable d'accéder à cette dernière proposition. Marcher sur la terre ferme est déjà périlleux. Mais alors, quel est mon rôle pendant qu'elle traverse le déluge? L'oiseau? Le rameau? La pluie? La femme de Noé? Les poissons?

Enfin bref… Je termine avec cette anecdote : tantôt, j'ai ouvert la fenêtre de notre chambre pour Karine. Comme notre filet antimoustiques est installé, j'ai dû me pencher pour pouvoir passer sous une des cordes qui l'accrochent au mur. Je l'ai fait automatiquement, par pur réflexe, sans réaliser ce que je faisais. Au retour, je me suis évidemment retrouvé devant la même corde. Je l'ai vue pour la première fois.

Ça m'a fait tout drôle de réaliser que, pour me rendre à la fenêtre, j'avais dû m'incliner considérablement pour éviter l'obstacle. En prenant conscience du mouvement néces-saire pour repasser sous la corde, j'étais toujours plus ahuri : « Comment ai-je pu me pencher si bas sans même m'en rendre compte? »

J'ai alors fait le parallèle suivant avec ma spiritualité : com-bien de fois ai-je fait les choses instinctivement, sans m'en rendre compte, tout simplement en laissant couler? Des milliers. Et c'est pour ça que, souvent, je ne sais que dire ou que faire devant les obstacles spirituels des autres. Je sais que je suis passé par là, mais je ne me rappelle plus si je me suis penché! D'une certaine façon, c'est heureux ainsi, car cela veut dire que la réponse doit être inscrite là, quelque part en dedans. C'est extrêmement insécurisant. Pour moi comme pour Karine. Mais au moins, je sais qu'elle ne pourra pas prendre mon chemin.

Mon cerveau a une nouvelle marotte : « Comme de l'eau. » L'eau de la mer coule tout le temps. Elle embrasse les formes et contourne les obstacles : rochers, bateaux, poissons, bouts de bois, etc. Rien ne l'arrête. Je n'ai jamais pu empêcher l'eau de la mer de vaguer à ses occupations. J'ai bien essayé de la prendre par surprise, de sauter ici et là en espérant la ralentir. Imperturbablement, elle épousait la forme de mes jambes et poursuivait son chemin vers la rive.

Y voyant la source de mon salut, je me dis maintenant « comme de l'eau » chaque fois qu'un obstacle, un imprévu ou un changement de programme se présente. Je revois la mer de Goa et je continue mon chemin. Ce matin, par exemple, après quatre jours de selles consistantes, j'ai eu la diarrhée. « Comme de l'eau! », que je me suis dit.

Bouchée d'esprit
« *The wisdom of insecurity*[40]. »
Allan W. Watts

---

40 « La sagesse de l'insécurité. » En fait, *The wisdom of Insecurity* est le titre d'un livre de Allan W. Watts qui m'a passé entre les mains dans la bibliothèque d'un ashram. Je n'ai même pas ouvert le livre. Je n'ai pas encore fini de méditer et d'apprivoiser le titre. Le lecteur séduit par ces quatre mots de pure sagesse voudra peut-être aller plus loin que moi dans la lecture de cette œuvre. Sachez donc, cher lecteur séduit, que vous retrouverez dans ma bibliographie la référence exacte de ce livre, tant pour la version anglaise que pour sa traduction française.

Spiritualité

Je viens de comprendre pourquoi je n'avais pas réalisé que je m'étais penché pour éviter la corde la première fois. C'est parce que j'avais un but clair et simple : ouvrir rideaux et fenêtres pour faire de la lumière à mon amour. Tout mon être était tendu vers cet objectif et le chemin n'importait pas. Au retour, je n'aspirais plus à rien. Voilà pourquoi l'obstacle m'est apparu si gros et si surprenant.

Karine se souvient-elle du but de sa présence en Inde? Ses prières furent très précises. Ne voulait-elle pas n'avoir que Dieu comme sécurité? Voilà qui appelle le dépouillement de toutes autres formes d'appui. Même en ayant clairement en tête cet objectif, l'humilité qu'implique ce chemin n'est pas facile à acquérir. Une requête qui nécessite une conquête.

Sainte Thérèse de Lisieux disait : « Dieu nous fait désirer et comble nos désirs. » Toutefois, il faut toujours faire attention à ce qu'on lui demande. La plupart du temps, on ne réalise pas la grandeur et la profondeur de nos prières. Heureusement d'ailleurs! Mais Dieu n'est pas un sadique. Ou du moins, pas trop. En fait, il est probablement un peu sado-maso, puisque nous le sommes tous et que nous sommes à son image!

Spiritualité

L'amour, le silence, le travail, la paresse, la purification, l'isolement, les rencontres… Tout est source de joie et de peine simultanément. Ou alternativement. La rigueur nous sécurise et nous paralyse. La souplesse nous libère et nous angoisse. La vie nous amène à passer de l'un à l'autre. L'équilibre n'existe pas. L'équilibre est un point mort que nous sommes fiers d'atteindre, mais qui ne peut durer.

J'ai l'image enfantine de la balançoire tape-cul. Un enfant en haut, l'autre en bas. Presque tous les enfants essaient de se tenir debout, au milieu de la planche, en équilibre. Pas facile. Ça ballotte un peu à gauche, on met doucement du poids à droite mais, catastrophe! On passe tout drette, on se garoche à gauche et bang! Ça touche à terre et on repart.

Qu'arrive-t-il lorsque, pendant quelques secondes, on réussit à se maintenir, parce qu'on est tombé sur une balançoire plus coincée que les autres? Plus rien. On bascule d'un côté ou de l'autre pour redescendre, et on va jouer ailleurs. La recherche de l'équilibre est beaucoup plus intéressante que l'équilibre lui-même. Même si, périodiquement, j'aurais moi-même envie que tout s'arrête. Point final.

Depuis quelques jours, un paradoxe me fascine : « souplesse et rigueur ». C'est assurément quelque chose qui m'habite. Je suis à la recherche d'une rigoureuse souplesse et d'une souple rigueur. C'est là toute une recherche d'équilibre!

A. Être rigoureusement souple : effort nécessaire à l'ouverture, à la compréhension et à l'acceptation de la différence.

Exemples : être patient devant les impatiences des autres; être ouvert devant l'étroitesse d'esprit; être modéré avec des extrémistes; miséricordieux envers des légalistes; nuancé face à M. Bush. J'y aspire, mais n'y arrive pas instantanément. « Effort nécessaire à… » sont probablement les mots les plus importants de cette définition, afin de ne pas avoir une souplesse sélective ou une souplesse molle et inactive.

B. Être souplement rigide : colonne vertébrale de ma pensée critique.

Exemples : chercher avec amour et délice la logique des choses; découvrir et s'imprégner de la logique cartésienne, juive, orientale, asiatique; chercher la sagesse; passer au crible et ressasser, rejeter ce qui est faux; écouter avec mes oreilles et celles des autres; juger mon propre jugement et remettre en doute mes doutes, mes conclusions et mes certitudes. « Colonne vertébrale » sont les mots à retenir. Un dos droit et solide formé de vertèbres indépendantes permettant le mouvement et l'élasticité.

Spiritualité : le réveil de l'espoir

Finalement, je ne peux vivre sans l'espoir banal et simple qu'un jour, tous les êtres humains auront la même définition de l'équilibre et qu'ils le rechercheront intensément, avec amour. Malheureusement, cet espoir n'existe pas par lui-même. Je dois le nourrir de prières, d'utopies et de quelques réalités réjouissantes. Sinon, il crève à une vitesse folle. L'espoir, c'est une fougère plantée dans le désert.

Choc∗culturel

C'est fou comme la demande en mariage arrive vite. En fait, la plupart des unions indiennes sont arrangées par les parents. Tu apprends quelques mois à l'avance que tu vas te marier, tu rencontres la fille une ou deux fois et puis tu te maries.

Même lorsque ce sont les jeunes qui décident, tout va très vite. Une fille est belle, elle te plaît, tu lui demandes son nom et tu la demandes en mariage après. Ou vice versa. Et la fille est tellement contente d'être désirée qu'elle tombe amoureuse instantanément.

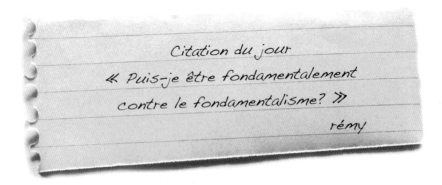

Citation du jour

« Puis-je être fondamentalement contre le fondamentalisme? »

rémy

Choc*culturel

La notion du temps est complètement différente en Inde. Exemple quotidien : pendant le trajet d'autobus Goa - Mangalore, il y a eu la traditionnelle pause repas au milieu de la nuit. « Combien de temps, la pause? », ai-je demandé au chauffeur. « Dix minutes. » Une demi-heure plus tard, on décolle. Ce qui veut donc dire que ce que j'appelle une heure n'est en fait que vingt minutes. Et que, si j'applique une règle de trois à ces statistiques, j'en arrive à la conclusion que les journées n'ont que huit heures, en Inde!

CHRONIQUE D'UN INSOMNIAQUE CHRONIQUE

Dernièrement, je pensais à notre système de santé. Est-il vraiment possible de penser que nous puissions encore supporter les longues maladies des boomers au petit nombre que nous sommes? S'il advenait que la réponse soit « non » et que j'aie à faire le deuil de cette gratuité des soins, du moins en partie, y aurait-il une solution sociale? Car je ne voudrais pas qu'une fermeture d'esprit ouvre la porte toute grande à une privatisation « sauvage » de laquelle seuls les riches profiteraient.

Il y a sûrement une réflexion amorcée sur le sujet, mais je n'en suis malheureusement pas nourri, et ce pour deux raisons : c'est la première fois que j'y pense et je demeure extrêmement individualiste dans mon désir de solidarité! J'avoue que je ne cours pas après l'opinion des autres. J'ai plus de plaisir à attaquer un terrain comme s'il était vierge. Malheureusement, cette tendance si fortement ancrée en moi ne peut porter aucun fruit et ralentit finalement ma propre réflexion. Je réalise (ou plutôt je finis par m'avouer) que je suis un *one man show*. J'aime le travail en équipe à la chaîne. Chacun fait son petit bout de chemin et, à la fin, on a une voiture.

Dialogue interne sur les cliniques privées :

Moi : Tout comme pour les médicaments vendus dans les pharmacies, il serait important de légiférer sur les prix minimum et maximum qu'un médecin pourrait charger pour une consultation, mais encore là, les riches en profiteraient plus que les pauvres.

Encore moi : Ne pourrait-il pas y avoir plus d'un prix pour la même opération?

Moi : Imaginons que oui. Le revenu familial pourrait servir à déterminer les classes de payeurs. Les impôts et les cartes de crédit fonctionnent déjà ainsi.

Encore moi : Serait-il possible de créer une carte gouvernementale adaptée aux différents niveaux de richesse, chacun payant selon son revenu s'il choisit d'aller au privé?

Moi : Quelle bonne idée!

Encore moi : Cela veut dire que pour le même travail, un médecin pourrait recevoir 25 comme 250 $? Il faudrait donc légiférer aussi sur la non-discrimination, car il est certain que, comme les médecins sont à la base des êtres humains, un penchant « naturel » les amènerait à remplir leur agenda avec les clients les plus payants et, encore une fois, les riches passeraient avant les pauvres.

Moi : Parfaitement. D'un autre côté, est-ce que l'un ne pourrait pas être tenté de fourrer l'impôt pour avoir la carte des 35 000 $ par année alors qu'il en gagne 50 000, ce qui lui permettrait de payer moins cher dans une clinique privée?

Encore moi : Effectivement. Il faudrait donc que la carte inclue des avantages pour les plus riches aussi, car, après tout, ce n'est pas un tort de bien gagner sa vie. Ce qui est vraiment poche, c'est de le faire sur le dos des autres et de voir les riches toujours plus riches et les pauvres toujours plus nombreux!

Moi : Cette carte pourrait donc servir dans divers aspects de la vie et donner des points du club G (pour Gouvernement), que nous appellerions tout simplement « points G ». Cela devrait stimuler l'économie!

Encore moi : D'après toi, est-ce que les riches recevraient un meilleur traitement?

Moi : Médical, non. Mais au niveau du confort, oui. Il faudra que la loi soit bien précise, mais il est normal que celui qui paye vraiment plus finisse par avoir plus de confort.

Encore moi : Ce système ne serait donc pas parfait?

Moi : Je ne vais pas faire semblant de te convaincre du contraire. Tant qu'on vit dans la comparaison, on a toujours l'impression de se faire baiser à quelque part.

Encore moi : Si un tel système s'établissait, un prochain gouvernement ne risquerait-il pas d'y voir une porte grande ouverte pour une privatisation plus draconienne?

Moi : Oui. Mais certains voudraient déjà la faire et la privatisation risque de se généraliser, vu la logique du nombre. Alors, soit on s'accroche au passé et on devient une page d'histoire, soit on s'investit dans le débat, afin de mettre en place un système semi-privatisé qui soit favorable à tous.

Encore moi : Ah bon...

Comme c'est plaisant d'avoir le dernier mot!

Citation du jour

« Je demeure extrêmement individualiste dans mon désir de solidarité. » rémy

Choc*culturel

« *It's not heavy, it's her brother*[41] », nous a-t-on répondu à propos d'une jeune fille de huit ans qui transportait sur ses hanches son petit frère de quatre ans. Aussi disponible en version « *It's not heavy, it's her child*[42] » pour une mère qui se promenait et travaillait toute la journée avec son enfant attaché dans le dos.

Spiritualité

Dans le voyage en autobus nous amenant de Bangalore à Goa, j'ai longuement réfléchi sur le thème de la liberté. Ça partait dans tous les sens et je ne me souviens de presque rien. Voyons voir tout de même si je peux en sortir quelque chose.

Dans les années 1980, je me souviens d'une série télévisée que j'avais suivie avec grand intérêt : *Le Nord et le Sud*, une romance basée sur la Guerre de sécession américaine. Une scène me revient en mémoire : des esclavagistes du Sud vont visiter les usines du Nord. Les conditions de travail des hommes libres sont horribles. Pire que la vie des esclaves sur leurs terres, eux qui sont de « bons patrons ».

À noter aussi : si l'un des hommes libres s'était insurgé contre les mauvais traitements, les risques de blessures, de mort, ou les heures de travail interminables, il aurait été renvoyé, tout simplement. Tellement d'autres attendaient de prendre librement sa place.

Évidemment, cette série n'était qu'une fiction. Mais il me semble plausible de croire que certains esclaves pouvaient être mieux traités, s'ils avaient de bons maîtres, que la plupart des travailleurs d'usine de cette époque. Ces derniers

---

41   « Ce n'est pas lourd, c'est son frère. »
42   « Ce n'est pas lourd, c'est son enfant. »

étaient libres, mais libres de quoi? De choisir entre crever à l'usine ou crever de faim. Qu'est-ce que la liberté?

Dans les années 1970 et 1980, le Québec a vécu la grande syndicalisation. Plusieurs ont chanté nos gars qui crevaient dans les usines. Paul Piché, par exemple, dans la magnifique *J'étais ben étonné*[43]. Aujourd'hui, nos conditions de travail se sont grandement améliorées et, grâce à cela, nos usines déménagent librement dans des pays où la liberté n'est pas encore syndiquée. Qu'est-ce que la liberté?

Je me souviens d'une entrevue à l'émission *Indicatif présent*, à la radio de Radio-Canada. Un homme nous disait que, comme nous n'avons choisi ni le lieu ni l'époque de notre naissance, ni nos parents, ni nos frères et sœurs, nous ne sommes finalement pas libres. Les valeurs qui nous sont transmises par la société et nos familles, les blessures qui nous forgent, tous ces événements extérieurs qui s'impriment en nous et teintent les choix que nous faisons nous sont imposés. Donc, à la base, nous ne sommes pas libres.

Personnellement, si je suis libre de choisir entre une Honda et une Hyundai, c'est avant tout parce que je ne suis pas né cent ans plus tôt ou cent ans plus tard. C'est aussi parce que je suis né dans une région du globe où le crédit me donne accès à ce que je ne pourrais me payer. Je suis donc en liberté conditionnée. Alors, qu'est-ce que la liberté?

Évidemment, cette dernière théorie présuppose qu'il n'y ait aucun choix de l'âme avant de naître, comme certains guides spirituels le proposent. L'Église du *Petit catéchisme* nous demandait : « Où étions-nous avant de naître? » Et il

---

43 « Y m'ont r'mis mes outils pis mes après-midi, j'leur ai laissé mes poumons. Pis moi qui pensais qu'à leurs yeux j'étais rien, maudit… j'avais raison. » PAUL PICHÉ, *J'étais ben étonné*.

répondait : « Dans la pensée de Dieu. » D'autres, croyant en la réincarnation, nous disent que notre âme choisit l'incarnation dont elle a besoin pour continuer de se purifier, de régler ses problèmes. Tout comme pour ce qu'il y a après la mort, les théories semblent multiples sur ce qui précède la naissance.

Et moi, que crois-je? J'avoue ici un certain manque de rigueur, car je m'en fous. J'ai déjà assez de questions dans ma tête sur ce qui se passe ici et maintenant pour combler toute ma vie. Même ma réflexion sur la vie après la vie semble être soudainement contenue en quelques mots : je m'attends à vivre tout un choc culturel. À moins qu'il n'y ait rien. Mais serai-je, moi, libre de choisir s'il y a quelque chose ou non? Alors… qu'est-ce que la liberté?

J'associe facilement la liberté à une certaine légèreté de l'être. Lorsque je suis libéré ou que je me libère d'un poids, je soupire de bien-être. Je me sens léger, sans attaches, éternellement reconnaissant pour quelques secondes. Mais ça ne dure pas. De même, lorsque je porte quelqu'un sur mes épaules et que je marche aussi longtemps que possible, quelle étrange et agréable sensation lunaire me vient lorsque je le repose. J'ai l'impression de peser une plume; mes pas sont des bonds et je marche tout croche en riant pour quelques secondes. Puis, mon corps se rajuste et je redeviens le poids de moi-même. Cette sensation de liberté est donc directement reliée à ce qui m'assujettissait, m'abrutissait et elle est tout ce qu'il y a de plus temporaire. Mais alors, la liberté serait-elle temporaire? Bonne question.

De : Rémy Perras
Envoyé : 23 décembre 2004 07:31:59
Objet : Palmiers et cocotiers

Joyeux Noël à tous!
Nos dernières semaines nous ont fait goûter la générosité des gens des villages du Kerala, un État du sud de l'Inde.

Tout d'abord chez Christi et Pushpa, un jeune couple d'amis. Ils nous ont laissé leur chambre, ont pris celle du frère et le frère est allé dormir dans une similipièce entre la cuisine et la salle à manger-salon. Tout ça pour qu'on puisse avoir la seule toilette de la maison dans notre chambre.

Chez les parents de Father Sangheet Joseph, son frère et sa femme, enceinte de 6 mois, nous ont laissé leur chambre avec un lit confortable. Eux-mêmes ont couché dans la chambre des parents qui, eux, ont couché séparément, dans la petite chambre pour le père et dans la cuisine pour la mère!

C'est là qu'on réalise ce que veut dire pour eux recevoir l'étranger comme si Dieu lui-même venait dans la maison. Les voisins nous ont aussi invités, ne serait-ce que 5 minutes, à s'asseoir dans leur salon, afin de recevoir Dieu à la maison.

Nous avons aussi vécu dernièrement une expérience spirituelle des moins enrichissante! Un centre de retraite charismatique où un simple verre d'alcool est devenu un péché grave, où la cigarette fait de nous des athées, où la peur doit nous mener librement dans les bras de leur Seigneur Jésus. Encore une fois, je me suis rendu compte de la facilité avec laquelle on pouvait faire dire n'importe quoi à la Bible. Après 2 jours de ce régime, on s'est enfuis! Et à relire les notes que nous avons prises pendant notre séjour là-bas, je me demande comment nous avons pu tenir si longtemps! Mais bon, c'est du passé.

Maintenant que notre bonheur est complet, que même nos intestins se portent à merveille, nous sommes prêts à célébrer Noël, probablement sur les plages de la mer Arabique, sous les palmiers et les cocotiers... On s'y fait, vous savez! Mais le croirez-vous, la neige nous manque!!

Joyeux Noël et bonne année à tous!
rémy et karine
xxy

Errance fondamentale…

Puis-je être fondamentalement contre le fondamentalisme? Non, malheureusement! Ce qui veut dire que je dois faire l'effort de trouver l'un ou l'autre point positif à toutes ces formes d'intégrisme qui prolifèrent et que, soit dit en passant, je déteste. Cette antipathie viscérale et irrépressible chez moi ne fait pas vraiment de différence entre les fondamentalismes religieux, politique et économique. De plus, sans aucune subtilité, je mets grossièrement dans le même bateau fondamentalisme, intégrisme et légalisme. Devant l'un comme l'autre, j'éprouve un malaise criant. J'aurais envie de partir en guerre. La guerre… quel stimulant pour le cœur, le peuple et l'économie! Mais tuer un intégriste en fait naître dix. Alors, je dois fouiller pour trouver une réponse différente de la leur. Si je ne peux pas être fondamentalement contre le fondamentalisme, je dois donc y apprécier ne serait-ce qu'une facette, y découvrir une nuance de couleur entre le blanc et le noir dont ils se servent pour dépeindre le monde.

Subséquemment, après introspection, je dois m'avouer avec un fond de répugnance que j'ai une certaine admiration pour leur zèle, même si je n'en approuve absolument pas l'objet, et la façon dont il est stimulé. J'espère avoir le même zèle dans l'amour de ma femme et de ma famille, ainsi que dans la simplicité volontaire et la politique. Ensuite, sur le plan de la communauté, peut-être nous démontrent-ils que l'être humain est à la recherche d'une certaine rigueur. Force est d'avouer que nous vivons dans une époque où « libre-échange » est synonyme de « capitalisme sauvage », une société dans laquelle je peux légalement bouffer mon voisin et où une douce perversion est promue. Toutes ces attitudes fondamentalement libertines ne peuvent que provoquer leurs contraires. Et vice versa, dois-je dire.

Québécoisement parlant, le légalisme religieux ayant précédemment castré la joie de vivre, nous avons eu droit à une explosion de consommation. Nourriture, vêtement, déplacement, amour, sexualité, famille, travail, loisir, maladie et même la mort : tout est devenu objet de consommation. Nous le savons. Ça devrait être choquant. Ça ne nous choque pas. On s'indigne, pour la forme, de temps en temps, mais chaque Noël apporte un nouveau sommet de consommation aveugle. Cette recherche de liberté absolue par le pouvoir d'achat est fragilisante. Voilà pourquoi plusieurs vont retrouver avec joie un excès de rigueur ou des réponses faciles à toutes les questions que nous avons réveillées. C'est un terreau parfait pour le légalisme, qui profite aisément d'un climat de dépression pour installer des barrières partout. Sans être alarmiste, je crois que le Québec fera face dans les prochaines années au défi très stimulant de retrouver une certaine rigueur sans retomber dans l'infantilisation de l'intelligence, des sens et de l'esprit du rigorisme religieux. Bref, sans redevenir fondamentaliste, réussir à aboutir, à s'accomplir, à donner un sens à la vie.

Question : ce texte s'adresse-t-il à quelqu'un d'autre que moi? Ne serais-je pas en train (oui, je le suis!)… Reprenons : ne serais-je pas en train d'étaler soudainement à toute la société québécoise ma propre recherche de rigoureuse souplesse et de souple rigueur? Oui, je le suis. J'imagine que j'étends à toute la société ma « crise » de la trentaine! Mais je crois tout de même que nous en avons besoin. La francophonie nord-américaine a su résister à des centaines d'années de tentatives d'assimilation principalement parce que notre culture était bien définie et forte. Maintenant que notre tranquille révolution est accomplie, les idéaux sont rares à défendre à part le droit d'acheter ce que je veux et maintenant.

Par contre, les immigrants qui arrivent chez nous sont culturellement et religieusement bien définis. Leur déracinement provoque en eux le désir bien naturel de se retrouver pour se renforcer. Ils arrivent souvent de pays où ils ont appris à se battre pour vivre, et ils savent se tenir debout. Qu'en est-il de nous? De nous avec notre culture diluée dans la rentabilité? Je suis personnellement incapable de chanter une toune de Félix ou de Vigneault au complet. Je ne connais pas nos danses traditionnelles. Est-ce une tare? Un défaut? Un manque vital? Non. Je vis très bien. Mais je m'oublie, pourrais-je dire. Dans notre société où le respect de la différence est si important, je me demande si nous ne sommes pas en train de perdre la nôtre petit à petit.

Il est vrai que j'écris ces lignes alors que je suis en Inde, là où je suis fasciné par la diversité des cultures ancestrales. Il est certain que j'écris ces lignes alors que je découvre d'un peu plus près la fierté moyen-orientale et asiatique. Et il est clair que j'écris ces lignes avec une certaine crainte, après avoir vu le désir des musulmans, des Indiens, des Chinois, des Américains, des chrétiens, etc. de conquérir le monde. Je dois avouer que je n'ai pas le goût que le Québec devienne islamiste, avec des femmes voilées partout; que nos lacs deviennent américains comme nos forêts; que des chrétiens nous ramènent la peur de l'enfer. Nous avons un beau pays, qui n'a jamais prétendu régner sur le monde ou entrer dans la course au nucléaire. J'aimerais que ça continue. Que notre tolérance, liberté et respect deviennent si forts que des peuples en guerre ailleurs dans le monde puissent vivre en paix chez nous.

(Utopisme soupirant : j'ai l'impression d'écrire dans le vide. D'écrire pour rien. Pour mettre mes peurs sur papier sans réussir à les sublimer. Enfin bref… ce qui n'était qu'une question de « jeu de mots » est devenue une toile d'araignée dans laquelle je m'empêtre.)

(J'ai relu, raturé, gribouillé et enfin, j'aboutis, oubliant plus ou moins la question première.)

Notre société québécoise est à l'heure des choix. Nous avons été élevés avec fermeté et notre crise d'adolescence a tout rejeté. Nous avons tout de même gardé les valeurs importantes du respect, de l'amour et de l'accueil, en y mélangeant individualisme et surconsommation. Mais alors que l'adolescence achève avec les boomers qui se retirent tranquillement, je souhaite un petit moment de prise de conscience intense, afin que l'on puisse entrer collectivement dans l'âge adulte avec maturité.

Si je m'investis en politique, ce sera avec cet objectif. J'espère que j'aurai assez de rigueur avec moi-même pour le garder bien en vue. J'espère que j'aurai assez de zèle pour le promouvoir intelligemment, patiemment et efficacement. Et fondamentalement, j'espère avoir assez de souplesse pour ne jamais devenir fondamentaliste! Amen!

En cela, j'ai soudainement l'impression d'être chrétien. Jésus a passé sa vie à proposer le prochain pas vers l'accomplissement et l'épanouissement. Aux constipés, il proposait la souplesse et la miséricorde. Aux pécheurs, un peu de rigueur. Au jeune homme, de devenir adulte. À l'adulte, de devenir enfant. Je serai donc chrétien sans essayer de convertir personne. Je serai chrétien parce que j'essayerai d'imiter le Christ.

Ma peau a changé. Elle s'est endurcie. Pas énormément, mais tout de même. Je me souviens très bien que, la nuit, le courant d'air continuel provoqué par le ventilateur du plafond me rendait fou lorsque je suis arrivé en Inde. Impossible de demeurer sous les couvertures ou d'éteindre le ventilateur à cause de la chaleur suffocante. Il me fallait donc dormir sur le dos, jambes et bras écartés, et ce, directement sous le ventilateur. Au bout de quelques heures de stimulation continue, je me réveillais avec l'impression d'être un gros clitoris qu'on aurait frotté au papier sablé! Cependant, depuis quelques nuits, je dors sans souci.

Choc*culturel

Fini la priorité à droite sur les routes. Ici, c'est la loi du plus gros. Les autobus ont la priorité sur toute la route et dans toutes les directions. Si un autobus arrive en trombe et tourne devant moi qui arrive en direction inverse, je dois céder le passage, même si je continue tout droit. Ensuite, les camions ont priorité sur les jeeps, les jeeps sur les automobiles, les automobiles sur les motos, les motos sur les scooters, les scooters sur les vélos et les vélos sur les piétons. Ajoutez à cela les petits triporteurs à moteur, communément appelés *rickshaws*, qui improvisent continuellement et qui, sans avoir la priorité, se faufilent un peu partout. Le tableau serait incomplet sans les chiens errants, les vaches et, puisque nous sommes au Kerala, les éléphants, devant qui même un autobus s'arrêtera!

Choc*culturel

À la question « *Where is the bus stand?* », la réponse « *Straight ahead in three block*s » ne veut pas dire que j'y serai parvenu, mais que, dans trois coins de rue, j'aurai à redemander l'information. J'aurai alors droit à « *Straight, 1 km* », et après à « *Go four streets, then left* », pour finalement y parvenir. Le tout évidemment dans « *Five minutes only* », ce qui veut donc dire une demi-heure en temps réel. Mais le temps n'est qu'une invention occidentale.

La preuve : à la question « À quelle heure l'autobus pour Kottarakara? », la meilleure des réponses reçues fut : « *Maybe you will have to wait a few minutes.* » « *Maybe* », ai-je rétorqué, découragé[44].

---

44 « Où est la gare des autobus?
— Tout droit dans trois coins de rues.
— Tout droit, 1 km.
— Dans quatre coins de rues, à gauche.
— Cinq minutes seulement.
— Peut-être devrez-vous attendre quelques minutes.
— Peut-être. »

Mon cerveau apprend à se fracturer.
Le chemin le plus court entre A et B
n'est pas une ligne droite. En fait,
il n'y a pas de chemin le plus court
et il n'y a pas de ligne droite.

Rêve*zzzz*

Quel rêve étrange j'ai fait hier après-midi!

Avec des amis, on se promenait, on riait, on visitait. C'était de nouveaux amis et on apprenait à se connaître. Parmi eux, timidement présente, une jeune femme aux cheveux courts et noirs, au visage pâle et aux habits sombres. Elle souriait, riait parfois, plaçait un mot ici et là, mais sans jamais se dévoiler. À un moment, je lui ai tout simplement dit : « J'aimerais ça avoir une *drill* pour pouvoir percer des trous dans cette petite tête et voir les idées couler, pour qu'on sache enfin ce qui se passe là-dedans. » J'étais intrigué, puis fasciné, pour finalement me retrouver envoûté par cette femme.

Simultanément, je commençais à avoir de plus en plus régulièrement de drôles de faiblesses. Alors que nous entrions dans une école secondaire, j'ai vu quelqu'un perché sur un poteau de bois. Sa face est soudainement devenue pustuleuse et démoniaque. J'ai eu un étourdissement majeur. « T'é-tu correct? », me demandait tout le monde. « Oui, oui... Allez-y, j'vais vous rejoindre. » Ils sont tous partis en avant, sauf madame X. J'ai fait quelques pas en titubant, revu un poteau et un démon dessus. Je me suis alors étalé de tout mon long, face la première. Madame X s'est agenouillée doucement à mes côtés, m'a retourné et pris la tête sur ses cuisses en me caressant les tempes.

Je lui ai murmuré : « Aye... C'est fucké... C'es-tu normal, ça fait deux fois que j'vois des démons. » Elle m'a souri, a ouvert la bouche et ainsi dévoilé ses dents. Deux petites canines dépassaient. Toujours extrêmement faible, j'ai soupiré : « Oh non, pas ça... J'veux pas être un vampire... » Je pensais à Karine et au fait que j'allais sûrement la tuer si j'en devenais un. En même temps, je me souvenais clairement que j'avais déjà voulu, étant enfant et adolescent, être un vampire. C'est à cause de ce désir enterré que j'avais été envoûté par cette femme mystérieuse. Elle s'est étendue sur le sol et, étrangement, m'a mordu à l'arrière de la cheville, endroit de prédilection des maringouins indiens. Me suis-je fait piquer à ce moment-là? Difficile à dire. Mais toujours est-il que je me suis réveillé dans un drôle d'état.

Je me suis rendormi aussitôt, avec le désir de connaître la suite. J'étais au lit avec Karine. Je l'ai réveillée en l'embrassant, puis je l'ai assise dans le lit et me suis assis derrière elle. Elle était donc entre mes deux jambes. Je lui caressais les seins, le ventre et le sexe avec sensualité et vigueur. Elle aimait ça, tout en étant confuse. Elle ne reconnaissait pas mes caresses, mais se sentait envoûtée à son tour. Quand j'ai vu mon visage dans la pénombre, il avait déjà changé et j'avais quatre grandes égratignures saignantes dans le front. Ce qui me rappelle que, dans le premier rêve, la vampire m'avait dit : « Tu ne connais pas encore la jouissance de la souffrance. » Ces marques dans mon front venaient probablement d'elle.

À un certain moment, c'est devenu complètement débile. Je me suis mis à halluciner Karine comme une petite fille de 10 ans. Je l'ai prise par les chevilles et je me suis mis à tourner, debout sur le lit. La petite fille que je voyais riait, mais en arrière-plan, j'entendais Karine hurler. Puis, toujours debout, j'ai pris la petite fille dans mes bras et j'ai commencé à la serrer contre moi. Plus je la serrais, plus elle rajeunissait, jusqu'à devenir un petit bébé. En réalité, je savais que je serrais Karine de plus en plus fort, et que je devais être en train de l'étouffer et de l'écrabouiller.

Réveil final, fasciné et dégoûté.

De : Karine
Envoyé : 7 janvier 2005 16:48:57
Objet : Il y a si longtemps!

Allô les poussineaux et les poussinettes! Ça fait un bail que je ne vous ai pas composé un p'tit quelque chose. Désolée de vous avoir négligés, c'est pas parce que je ne vous aime pas! Je vais essayer d'être brève, même si c'est pas possible... Je vous suggère donc d'imprimer et de lire paisiblement sur le bol.

Noël

Noël a été plate. Notre seule joie a été de communiquer avec nos familles par MSN, mais ça nous a plongés dans un profond mal du pays.

Les ptits villages

Dans les villages, on a un super contact avec les gens. Ils sont tellement fiers de nous recevoir! Ils nous font faire le tour du village et nous présentent tout le monde. On se fait offrir un thé ou des fruits chaque 10 minutes! C'est amusant de voir les jeunes filles de 15 ans nous dire timidement « hello », puis se cacher derrière leur mère quand on leur sourit! Puis les gamins qui pleurent, complètement traumatisés à la vue d'un Blanc! Y'a aussi les gens qui s'attroupent timidement autour de nous lorsqu'on s'assoit par terre. C'est drôle de voir le cercle se refermer tranquillement sur nous. On lève la tête et HOP! des adultes, des enfants et des vieillards sont là, tout autour, à discuter de nous et à nous demander fièrement WHAT IS YOUR NAME. Ils sont vraiment fiers, parce que c'est la seule phrase en anglais qu'ils connaissent, et que c'est rare qu'ils ont la chance de la mettre à l'épreuve!!! Un Blanc en Inde, ça passe pas plus de 2 minutes seul. À moins d'être dans sa chambre!

Les arbres de *COCONUT*

Le Kerala est la capitale du *coconut*! Les habitants ne jurent que par le *coconut*. Le *coconut* est multifonctionnel! Première chose à faire avec un *coconut* : boire le jus (apparemment médicinal pour les problèmes d'estomac). Ensuite, râper la coco pour agrémenter les recettes. On peut aussi faire de l'huile. L'huile de *coconut* est super pour la friture, on l'utilise aussi pour se graisser les cheveux (apparemment, c'est très nourrissant!) C'est aussi, apparemment, un merveilleux hydratant corporel. Certains iront jusqu'à dire que c'est un efficace chasse moustiques... là, vraiment, je doute!

Ensuite, on laisse tremper l'extérieur de la coco dans l'eau pour une période de 6 mois. Ça aide a défaire la fibre. Cette fibre brune que l'on connaît, servira à faire de la corde! Cette corde servira à faire de jolis paillassons. Puis, en tissant les feuilles du cocotier, les plus pauvres se feront des maisons et des abris d'auto.

Le nouvel an

Notre nouvel an a été magnifique. On était dans un petit village. La célébration à la messe (oui, ici, le nouvel an se fête à la messe!) a été magnifique. Le prêtre nous a présentés avant de commencer la messe en disant aux paroissiens : « Voici Rémy et Karina, n'hésitez pas à aller leur parler! » Aussitôt la messe terminée, TOUT LE MONDE S'EST GAROCHÉ SUR NOUS pour nous serrer la main. Je ne vous mens pas, on a dû passer le village au grand complet! C'était magique! Puis on s'est fait offrir un « *special tea* ». Un thé horriblement fort, assaisonné de poivre et de clou de girofle. Un décapant pour l'estomac (apparemment thérapeutique, encore là, je doute!). Puis, on est allés danser sur le *stage*, question de faire rire les gens. On avait vraiment l'air cruche! Moment mémorable (mais pas pittoresque), qui compense pour notre affreux Noël!

Le fameux tsunami

Vous en savez probablement plus que moi sur le tsunami. J'ai pas vu grand images... Mais ce que je vois et constate, vous en aurez pas trop écho. Je vois que le vrai tsunami commence. Le cataclysme est terminé, mais la vraie lutte commence. Les morts, on vous les montre à la télé, mais les survivants, on en entendra plus parler dans 1 mois. Pourtant, ils seront encore dans la misère. Non seulement ils doivent reconstruire leur maison, mais également leur vie. La plupart des gens sont travailleurs autonomes. Les gens ont perdu le peu d'inventaire et d'outils qu'ils ont réussi à collecter de père en fils. Plus de bateau; plus de pêche. Plus de pêche; plus de revenu.

Les gens reçoivent de l'aide pour reconstruire leur maison, mais seront-ils capables de reconstruire leur métier?

Nous sommes allés voir un camp de réfugiés. Ça m'a touchée de voir des dames de 60, 70, 80 ans couchées par terre, sur le ciment, dans une école primaire. J'ai 26 ans, pis je *rusherais* à être dans des conditions semblables. Pour combien de temps elles seront là? Des mois à venir. Ces femmes sont fatiguées et doivent se reconstruire une vie à 70 ans. Moi, j'aurais pas la force.

Pis les p'tits enfants, qui ne savent donc pas le mal qui les attend. Bye bye l'acquis et la sécurité familiale. Ma pauvre petite, tu vas *rusher* parce que tes parents ont tout perdu, pis que si tu es chanceuse tu vas r'avoir un toit. Pis tu as intérêt à avoir bien de l'imagination et de la débrouillardise si tu veux travailler un jour. Car tu pars à neuf et le seul outil que tu possèdes pour travailler, c'est ton toi-même.

J'ai un ami qui a perdu ses 2 neveux de 1 et 5 ans. Quand la vague est arrivée, papa et maman sont allés chercher les enfants dans la maison. Ils sont sortis en courant, mais la vague était tellement forte que les enfants ont glissé de leurs mains. Imaginez... Papa et maman ont survécu, mais leurs 2 enfants, non. Ça, c'est des blessures mentales très longues à guérir, qu'on ne peut voir à l'écran.

Bon, c'est assez. Je vais aller manger. Pour les curieux, on est maintenant dans le sud du Kerala, dans la ville de Kovalam à deux pas de TRIVANDARUM. On est sur le bord de la mer pis on est vachement pas à plaindre! Je vous aime et vous serre la pince pour vous souhaiter un joyeux nouvel an!

Tourlou!

Karina (Karine version indienne)

Rêve*zzzz*

Karine et moi, nous visitons une école de la région, fortement touchée par le tsunami. Dans le gymnase, des centaines d'enfants joyeux nous accueillent avec leurs rires, leur « *what is your name* » et leur timidité. Ils nous ont préparé un *program*[45], comme ils disent toujours ici. Alors qu'ils mettent le point final aux préparatifs de ce programme artistique, nous sortons et allons voir une classe touchée par l'inondation.

À notre retour, le gymnase est vide. Un professeur passe et nous dit : « Ah! vous êtes arrivés! » Rapidement, il va de classe en classe et les étudiants déferlent avec enthousiasme et nous accueillent toujours avec la même joie, comme si c'était la première fois, ce qui est tout à fait indien. Ils se préparent à nouveau pour le *program*. Nous ressortons pour visiter une autre aile de l'école pratiquement détruite.

À notre retour, le gymnase est vide. Un professeur passe et nous dit : « Ah! vous êtes arrivés! » Rapidement, il va de classe en classe et les étudiants déferlent avec enthousiasme et nous accueillent toujours avec la même joie, comme si c'était la première fois, ce qui est encore et toujours tout à fait indien. Ils se préparent encore pour le *program*. Nous ressortons pour visiter une autre aile de l'école pratiquement détruite.

À notre retour, le gymnase est vide. Je ne me rappelle plus si ce scénario s'est répété trois ou quatre fois. Mais la dernière fois, en ressortant du gymnase, nous croisons un homme que nous n'avions pas encore rencontré. Je lui demande : « Où sont tous les étudiants? » « Les étudiants? Mais il n'y en a plus, monsieur. Il sont tous morts dans le tsunami. » Un frisson me parcourt l'échine.

---

45 Un *program* est composé de danses traditionnelles, de chants et/ou de concours sportifs.

Nous marchons dans les couloirs de l'école en regardant dans les classes. Nous y voyons les étudiants qui jouent, rient et apprennent, mais nous remarquons qu'ils sont un peu flous. Nous comprenons alors que c'est leur âme qui est devant nous. Ils reposent en paix, mais sont aussi prisonniers de cette école, comme s'ils refusaient cette mort surprise et violente. Ils préfèrent plutôt revivre pour l'éternité leurs derniers instants de paradis sur terre, de douce innocence et de fraternité joviale.

Je me suis réveillé en paix, mais tout de même avec un frisson dans chacun de mes poils!

Choc*culturel

Au centre-ville de Montréal, le 12 septembre 2001, combien de gens auraient dit en riant : « Fais attention aux avions si tu vas dans ce gratte-ciel! » Personne. En tout cas, pas à ma connaissance. Pas une journée après. Un mois après non plus d'ailleurs. Ici, le mot tsunami est déjà devenu un *running gag*. Aussitôt qu'on s'approche de l'eau, un « *watch out the tsunami*[46]! » se fait entendre parmi les éclats de rire. Le rire est une excellente façon d'évacuer la pression et la peur. Félicitations! Heureusement que les Indiens l'ont, car ils ne parlent que très peu de leurs émotions.

```
         Bouchée d'esprit
      « C'est selon la disposition
    intérieure de l'âme qu'on apprécie la
    nature de l'objet[47]. » Le pèlerin russe
```

---

46 « Attention au tsunami! »
47 JEAN LALOY, *Récits d'un pèlerin russe*, Paris, Seuil, 2004, p. 139.

Spiritualité

Cette dernière phrase me travaille tranquillement. J'ai arrêté la lecture du pèlerin russe pour ne buter que sur ces quelques mots. Ils m'interpellent et me remettent en question. J'essaie d'être attentif à mes appréciations afin de voir dans quelle disposition est mon âme.

Tout d'abord, suis-je à même d'aller débusquer la nature de l'objet, ce qui veut dire passer par-dessus sa façade pour en chercher les racines? Aujourd'hui même, j'ai eu la preuve que je ne fais pas toujours spontanément cet effort, ou encore que ce n'est peut-être pas aussi naturel que je le croyais chez moi. Voici quelques détails de l'exemple en question.

Nous avons rencontré l'évêque du diocèse. Une rencontre amicale, souriante, avec les questions d'usage et le thé. À la sortie, Karine me dit : « Il est bien, non? Il me semble simple et facile d'approche et on dirait un homme de prière. » Je ne réponds rien. Glup. Je ravale et j'apprécie soudainement avec force la disposition intérieure de l'âme de Karine, qui a su faire fi du protocole et des titres pour aller chercher la nature de l'homme qui était devant nous. Personnellement, quoique sympathique, cette rencontre ne m'avait pas permis de dépasser le stade protocolaire, principalement à cause de ma froideur devant le système hiérarchique.

Si, en tout temps, mon âme était disposée devant Dieu, c'est en toute quiétude que je pourrais aller au fond des choses. Or, je crois que c'est l'objet (même pas sa nature, mais l'objet lui-même) qui détermine ma disposition intérieure. Devant les montagnes, les vagues, les sourires, l'entraide ou les araignées, mon âme se réjouit, se tourne vers Dieu et m'aide à apprécier la nature de l'objet. Devant le mensonge, les changements d'horaire, la hiérarchie, le légalisme, la surconsommation et plusieurs comportements humains, mon âme se ferme et me prive de tout approfondissement de la nature, de l'essence.

Dans un cas comme dans l'autre, c'est l'objet qui détermine ma disposition intérieure, alors que, selon l'affirmation du pèlerin russe, c'est la disposition intérieure de l'âme qui devrait m'amener à apprécier la nature de l'objet. Le mouvement est complètement différent. Dans mon cas, je vis de l'extérieur vers l'intérieur. Dans le cas du pèlerin, de l'intérieur vers l'extérieur. C'est la base. Le B.A. BA de la vie spirituelle. Les grands maîtres ont raison de dire qu'on en est toujours qu'au commencement. Ce n'est donc pas une erreur ou un dérapage de ma part. Malgré une certaine tristesse, je ne me juge pas sévèrement. J'aurais tort de me dire que je n'avais rien compris jusqu'à maintenant!

Je sens mon âme bouillir et crier pour la prière. Un fort désir de lui murmurer à l'oreille : « Pardonne-moi mon Dieu, je me suis mis entre toi et moi. Mon propre jugement t'a empêché probablement bien souvent de me dévoiler la nature des choses. Pardon. » Je dois m'arrêter et soupirer en paix.

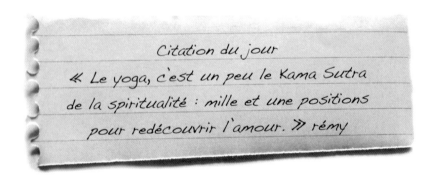

Citation du jour

« Le yoga, c'est un peu le Kama Sutra de la spiritualité : mille et une positions pour redécouvrir l'amour. » rémy

Choc*culturel

On est hébergés dans le marbre par une famille qui nous accueille comme roi et reine, mais je ne suis pas heureux. En fait, une certaine colère gronde en moi. Après des semaines à nous faire miroiter un hôtel en bord de plage, des semaines à recevoir des réponses évasives, des semaines à espérer un belle pause sentimentale et romantique, PAF! Lorsqu'on on met les pieds à la gare, on apprend qu'on va être hébergés chez du monde. Adieu intimité, liberté et grasses matinées, surtout avec la mosquée comme voisine, qui va nous beugler ça à tue-tête demain matin vers cinq heures. J'implose. C'est comme si le chaos venait de prendre le dessus sur moi. Une banalité à l'indienne : un changement de programme à la dernière minute. Mais cette goutte, elle fait déborder le vase.

Ils ont tellement peur qu'on n'achète pas leur truc qu'ils nous l'emballent toujours comme on voudrait l'avoir. Ils auraient eu mille fois l'occasion de nous avertir que nous allions être accueillis en famille, mais ils avait peur de nous décevoir. Alors, ils nous mettent devant le fait accompli. C'est comme emballer un vélo dans une boîte d'ordinateur. Simulation : « Avez-vous un ordi? », demande-je en entrant dans un magasin. Ils pourraient répondre « non », je ne serais pas déçu. Mais ils optent plutôt pour « oui, bien sûr et de très bonne qualité », courent comme des malades, trouvent une boîte d'ordi et y fourrent un vélo. Alors moi, je pars avec la boîte, tout joyeux et jusqu'à la dernière minute je crois à mon ordinateur. Lorsque je verrai le vélo et que, furieux, je reviendrai, ils me diront : « *Look! Look!* » et me montreront qu'il roule très bien, qu'il a des vitesses et un siège confortable, que c'est le dernier cri.

Pour moi aussi, c'est le dernier cri. Je crois que je vais aller pleurer sous la douche, car, après tout, qui peut voir les pleurs sous la douche?!? Et ensuite quoi? Un masque de gars super heureux d'avoir un vélo. Voilà mon choc culturel. Voilà le visage caché de l'Inde qui pousse tout le monde à porter un déguisement au nom de la culture et des traditions et à y cacher ses blessures et ses frustrations. Quelle pression sociale complètement débile! Chacun son moule et chacun son rôle; vestige de la société des castes. Impossible de ne pas être d'accord. *This is the way it is* et il n'y a rien à dire.

Pourquoi des vaches déjà obèses reçoivent-elles une quantité inimaginable de nourriture par les pèlerins? Tradition. Pourquoi lancer dans une rivière sacrée des offrandes comme une boîtes de chandelles (parfois sans même prendre le temps d'ouvrir la boîte!)? Tradition. Pourquoi des adultes qui ont été malheureux dans leur mariage obligé tiennent-ils absolument à imposer leur choix à leurs enfants, peu importe leur inclination? Tradition. Pourquoi les parents doivent-ils débourser une dot de plus en plus extravagante s'ils veulent marier leur fille, poussant même certaines au suicide devant l'incapacité de payer de leurs parents? Tradition.

J'en ai marre qu'on me justifie la bêtise par la culture. La bêtise est une sottise, qu'elle soit industrielle ou individuelle, québécoise ou indienne. Je proteste contre la bêtise d'un bateau de pêche canadien qui saccage nos fonds marins et gaspille un si grand nombre de poissons. Je m'enrage aussi devant le pêcheur du Kerala qui pêche tous les bébés crevettes et écrase les crabes parce qu'il n'aime pas ça. C'est nul. Et d'entendre qu'ici, c'est comme ça, que c'est la tradition, je capote.

De : Rémy
Envoyé : pas de date
Objet : Confection d'un courriel

Salut tout l'monde! Et particulièrement à vous cher lecteur!

Directement de mon journal, je vous envoie ces quelques lignes :

Nous voici maintenant de retour à la vie d'ashram. Chambres séparées pour moi et Karine, et peu de contacts en une journée entre nous (ce qui fait que je m'ennuie d'elle alors qu'elle n'est qu'à quelques mètres de moi, surtout avec les fleurs trouvées dans mes sandales à la sortie de la chapelle et les petits mots doux cachés ici et là!)

Autour de nous, montagnes, arbres, oiseaux, silences et prières.

Lever à 5 h, eucharistie orientale à 6 h et crottes régulières, ce qui n'est pas un détail insignifiant puisque mes intestins sont plutôt porté vers le « va-vite » depuis que nous sommes en Inde!

Je note aussi au passage notre désir renouvelé de fonder une maison de prière, un centre de méditation chrétienne, un lieu de cheminement, guérison, vie, détente, soulagement, création, défoulement, épanouissement.

À plustre!

rémy et sa charmante épouse

xxy

Spiritualité

Mon âme est absorbée par un nouveau sujet de réflexion : la prédisposition, et donc le destin. Je crois bien que tous les livres de la Bible que j'ai lus cette semaine font mention de la prédisposition du cœur à recevoir ou à rejeter Jésus, à accueillir ou non son Salut.

J'ai toujours eu l'impression que le destin avait le dos trop large et que des phrases comme « Ah! C'est l'destin » ne font que nourrir un certain pessimisme ou justifier le désengagement. Mais en lisant les Évangiles, et particulièrement l'Évangile de Jean, la notion de la prédestination est venue me chatouiller la région sous-capillaire. En fait, je réalise que certains textes m'ont toujours laissé perplexe, mais que je ne les questionnais pas. Exemple : Le bon berger de l'Évangile de Jean. Des phrases comme « ses brebis à lui », « elles connaissent sa voix » et « elles ne suivront pas un étranger » m'ont toujours posé la question : « Ouais... pis les autres? »

Le commentaire de William Barclay[48] sur ce texte nous explique que, pour la nuit, toutes les brebis des différents troupeaux sont entassées ensemble dans un enclos. Au matin, lorsqu'un berger arrive et qu'il appelle son troupeau, celui-ci s'extirpe du fouillis et le suit. L'exemple donné par Jésus est donc très beau et très fort. Ses brebis reconnaissent sa voix et le suivent. Mais les autres? « Mais vous ne m'écoutez pas, car vous n'êtes pas mes brebis », dira Jésus aux Juifs qui l'interrogent. Donc, il y a d'autres bergers, que des brebis sont prédisposées à suivre à partir du moment où elles reconnaissent leur voix. Sont-ils pour autant de mauvais bergers? Pourquoi seraient-elles nécessairement toutes prédestinées à des Satans?

---

48 WILLIAM BARCLAY, *The daily study Bible, The Gospel of John, Volume 2 chapters 8-21*, Bangalore, Theological Publication in India, 2001, p. 52-57.

Qu'en est-il de notre vie? Sommes-nous libres ou prédisposés? Du point de vue de la génétique, à partir du moment où sperme et ovule se sont aimés, tout est dit. Couleur des yeux, nombre de jambes, pénis ou vulve, grosseurs des os, état du cœur, etc. Puis, émergent les talents de l'enfance : prédisposition pour le français ou les maths, bon en dessin, habile de ses mains, plein d'imagination, etc. Par la suite, arrivent les émotions fortes et la capacité de leur faire face; certains sont facilement accablés, d'autres sont dotés d'un optimisme à toute épreuve. Et ainsi va la vie.

La retraite *Se brancher à sa mission*, que j'ai vécue l'année dernière, cherche à nous connecter à notre noyau pour que l'on puisse s'accomplir, s'épanouir. La PNL[49] fait aussi référence à ce qui est à l'intérieur de nous et programme nos réactions, tout en nous démontrant que nous sommes déprogrammables. L'existentialiste question « qui suis-je? » nous pousse continuellement vers les profondeurs de notre être. La relecture de notre vie nous apprend si nous sommes un bananier ou un érable. Les fruits que nous avons portés hier nous donnent la saveur des tartes de demain.

Tout ceci me démontre qu'il y a à l'intérieur de nous un cœur du cœur, une cellule souche, un code, un sceau bien particulier. Que nous cherchions à le connaître ou non, il se déploie au fil des années (en fait, il se déploie peut-être plus facilement si on ne le cherche pas trop!) et ainsi, nous vivons ce que nous avons à vivre.

Je me souviens des paroles du père Rémi, un ami français. M'ayant raconté son expérience de mort imminente, il me précisa qu'à ce moment, tout ce qu'il avait vécu lui apparaissait comme bon. Tout. La merde comme le reste. Tout avait

---

49 Programmation neuro-linguistique.

positivement contribué à sa vie. Tout était parfait. Il avait vécu ce qu'il avait à vivre. Amen.

Nos défauts, nos faiblesses et nos blessures deviennent des moteurs aussi importants que nos qualités, nos aptitudes et nos victoires. Ils sont là pour nous aider à nous réaliser et, je peine à l'écrire, à accomplir notre destin. La liberté en mange une claque. Mais elle n'est pas inexistante. Juste moins grande que ce que j'aurais voulu.

Ai-je choisi librement de ne pas être hockeyeur, musicien, docteur, inspecteur, prêtre, comédien? J'avais des forces qui me prédestinaient à être bon dans plusieurs domaines. Mais pour toutes ces choses, je n'étais pas prêt à payer le prix. Car il y a toujours un prix, un effort, un investissement. Par contre, spiritualité, prière, contemplation, mariage, voyage, accompagnement spirituel et communication, voilà ce pourquoi j'étais prédisposé à tout laisser et à m'investir dans les dix dernières années de ma vie[50].

Je suis une graine de granola. Ne me demandez donc pas d'être un capitaliste notoire! Mais ce dernier aussi est pré-disposé, non? Il vit sa vie, et ses sacrifices lui rapportent son trésor. En ce qui me concerne, la politique, la radio, la pro-tection de l'environnement et une maison de ressourcement semblent émerger de moi. Sont-ils compatibles? Ne s'agit-il que de carottes pour faire courir l'âme que je suis? Quel sacrifice suis-je prêt à faire? On verra ce que ça aura donné dans dix ans.

---

50 J'ai l'impression de ne pas réussir à dire ce qui m'apparaît pourtant si simple : mes libres choix sont en fait conditionnés non par ce pour quoi j'ai des forces et des aptitudes, mais par la prédisposition à la persévérance et au sacrifice. Ma paresse, mon incapacité à vivre un stress constant, mes petits os et mon non-amour de la muscu-lation, toutes ces « faiblesses » et bien d'autres me prédisposaient à ne pas persévérer dans des domaines où j'aurais pu exceller.

Enfin bref, il me semble que ça ne mène nulle part et je m'emmerde à écrire, ce qui me donne l'impression que ces pages seront emmerdantes à lire. Je ne devais pas être prédisposé à réfléchir sur le destin trop longtemps[51]!

Citation du jour

« Mon rocher, ma maison, mon château, mon bateau, mes ailes, mon espérance, mon amour, ma fragrance, mon soleil, mon ami, ma source, ma plénitude, mon ultime, mon cœur, mon sang, ma chair, mon air, ma montagne, mon repos, ma paix, ma vie, ma croix, ma fusée, mon carburant, mon énergie, mon berger, mon gourou, mon maître, mon accompagnateur, mon désert, ma nuit, mon oasis, mon chameau, mon érable, ma chapelle, mon éternité, ma fiancée, mon monastère, mon houblon, ma carte routière, mon refuge, ma fleur, mon précieux, mon bien-aimé, ma douceur, mon bain moussant, ma chaleur, ma chandelle, mon orgasme, mon soutien, ma tempête, ma sérénité, mon paradoxe, mes racines, ma joie, mes fruits, mon dilemme, mon intime, mon joyau, mon trésor, mon Dieu. » rémy

---

51 Tout cela me pose tout de même la question : dans le poème du péché originel, l'homme a-t-il librement rejeté Dieu? Sa curiosité, son amour de la découverte et son désir de posséder le prédisposaient-ils à croquer dans le fruit?

Bouchée d'esprit

> *« It is always true that there*
> *is no one closer to men than the*
> *man who is close to God*[52]*. »*
>
> William Barclay

CHRONIQUE D'UN INSOMNIAQUE CHRONIQUE

Dans les dernier jours, j'ai re-re-re-réalisé combien j'ai de la difficulté à accueillir un être humain tel qu'il est. Je suis spontanément charmé par le vent qui chante dans les feuilles, le chat qui miaule au milieu d'un silence monastique et la corneille qui s'effile le bec avant de chanter joyeusement, mais les bruits des hommes ne sont pour moi qu'irritations.

Exemples : un moine qui se racle la gorge comme s'il allait se cracher les poumons; une sœur qui lâche un rot de l'enfer; ou encore, un jeune homme pour qui la définition du silence doit ressembler à « comme il fait bon parler quand il n'y a pas de bruit ».

Le problème, quand ça m'irrite, c'est que je n'ai pas de madame en jaquette qui m'offre du Lanacane pour calmer mes démangeaisons. Résultat : quand ça commence à piquer, je me gratte. Mais on dirait qu'inévitablement, ça se promène. C'est contagieux! Et soudainement, « j'me peux pu! » Tout m'insupporte! Et particulièrement la personne source de cet état de fait, qui se retrouve emprisonnée dans mon jugement.

---

52 « Il est toujours vrai de dire que personne n'est plus près des hommes que celui qui est près de Dieu. »

Le verbomoteur, par exemple… Sa simple présence me fait grincer des dents. Alors je prie. Je me dis et me répète que je dois apprendre à voir avec les yeux de Dieu, que je dois développer un préjugé favorable lorsque je vois quelqu'un pour la première fois. Vraiment pas facile.

Lorsque nous étions à Fort Kochi, Karine et Charlotte, Parisienne sympathique rencontrée en Inde, avaient aussi évoqué qu'il était plus facile pour elles de s'émouvoir et d'être captivées par un chat que par une personne. Cette discussion m'avait ramené une dizaine d'années en arrière, alors que j'étais au Mexique. C'est là que, pour la première fois, j'avais fait cette prise de conscience. Avec elle s'était développée en moi une grande admiration pour ceux et celles qui donnent leur vie pour les êtres humains. Ça ne m'a jamais quitté, et ça m'aide à me botter le cul pour aimer mon prochain et surtout avoir envie de me faire proche de lui, de le comprendre, de le découvrir.

Citation du jour

« It is always true that there is no one closer to God than the man who is close to men[53]. » rémy

---

[53] « Il est toujours vrai de dire que personne n'est plus près de Dieu que celui qui est près des hommes. »

Choc*culturel

J'ai vécu hier une montée de lait. Depuis deux ou trois jours, j'avais quelques SPML[54], mais là, c'était le moment de me traire. Je me suis donc assis en silence dans la chapelle et j'ai fustigé de tout mon cœur.

Mise en situation : Karine et moi, à notre arrivée dans cet ashram cistercien où nous sommes depuis quelques jours, avons rencontré le père abbé. Il nous a expliqué les règles de la maison, qui généralement ne reçoit plus de couple. Il nous a donc demandé d'agir presque en étranger, afin de faciliter le silence, car certains couples avaient tendance à toujours se parler. Il ne fallait pas être un obstacle entre nous et Dieu. Voilà ce qui ne passe pas.

Ça fait quelques fois que j'entends des commentaires du genre depuis que nous sommes en Inde. Eux, en tant que moines, sœurs ou prêtres, ont apparemment fait le choix de ne rien avoir entre eux et Dieu. C'est la théorie à laquelle ils s'accrochent désespérément pour justifier leur célibat. Soyons clair : c'est une incompréhension complète du mariage. Karine n'est pas entre Dieu et moi. Entre moi et Dieu, il n'y a rien[55]. Ou enfin, le moins souvent possible. Il y a bien mon égo qui vient s'y fourrer quotidiennement, mais en ce point, je ne suis pas différent des moines!

Je ruminais donc tout ceci avec ardeur, en me redisant encore que, si on m'en donnait la chance, j'irais bien brasser la cage du Vatican pour qu'il arrête de nous stériliser de tous bords tous côtés (tout en reconnaissant des progrès énormes depuis

---

54 SPML : Symptômes prémontée de lait.

55 « Entre moi et Dieu, il n'y a rien. » Le lecteur malicieux aura souri devant cette phrase qui, sortie de son contexte, peut vouloir dire tout le contraire de ce que je veux lui faire dire! Pour vous donc, cher lecteur malicieux, je précise qu'entre moi et Dieu, il y a toujours son amour et le plus souvent possible le mien.

Vatican II). Comme ce n'était pas la première fois que j'avais cette idée dans les dix dernières années, j'ai réalisé que cette frustration était porteuse d'aspirations. J'aspire à aider les couples à découvrir leur spiritualité. Ce n'est donc peut-être pas pour rien que ça vient me chercher au fond des tripes quand j'entends pareils blasphèmes.

Depuis quelques années, la relation sexualité-spiritualité me fascine, tout comme prier sans cesse, pardonner sept fois soixante-dix-sept fois la même niaiserie à la même personne[56], etc. Depuis des années, je sais que le couple est un tremplin vers Dieu. Un fardeau qui devrait être léger, un joug facile à porter. Le plaisir de voir et d'encourager l'autre à s'épanouir, de devenir une fondation, deux colonnes, de suivre la respiration, de vivre les saisons. Tout ça, je le porte depuis longtemps, et maintenant, je le vis.

Bouchée d'esprit
    « *Those who believe that they believe in God, but without passion in their hearts, without anguish in their mind, without an element of despair even in their consolation, believe only in the God idea, not God Himself*[57]. »
Miguel de Unamuno

---

56 Remarquez que j'ai eu une bonne source d'inspiration. Mes parents sont saint Jacques et sainte Françoise de Candiac. À eux seuls et entre eux seulement, ils ont déjà pardonné plus de sept fois soixante-dix-sept fois la même niaiserie à la même personne!

57 « Ceux qui croient qu'ils croient en Dieu, mais sans aucune passion dans leur cœur, sans angoisse dans leur esprit, sans un élément de désespoir jusque dans leur consolation, ne croient seulement qu'en l'idée de Dieu, et non pas en Dieu lui-même. »

Bouchée d'esprit
« Ne nous lassons pas de faire le bien[58]. » Paul

CHRONIQUE D'UN INSOMNIAQUE CHRONIQUE

Cette petite phrase de Paul dans la lettre aux Galates m'a arraché quelques secondes de profonde reconnaissance. En effet, je me suis profondément reconnu dans la tentation de me « lasser de faire le bien ». Plus ma conscience sociale se développe, plus je me rends compte de la rapacité de certains de mes congénères et de leur incroyable capacité d'abnégation devant tout ce qui pourrait les remettre en question.

Avec un ogre repu, il y aurait bien moyen de parler, mais eux sont insatiables. Des trous sans fond. Et ce, dans toutes les couches de la société. Non seulement dans les méga-entreprises qui, comme des trous noirs, avalent tout sans considération, mais aussi au niveau des individus qui, à leur échelle, prennent un malin plaisir à se valoriser sur le dos des autres.

Et puis, il y a moi et mes exaspérations. Mélanger le tout devient lourd et plate. Ben plate. Ça provoque une certaine lassitude. Une envie de rien. Surtout pas une envie de faire un effort pour faire le bien. Ultimement, sans que je ne sache trop comment, je m'y remets. J'imagine que, pour un instant, j'arrête de penser. J'imagine que, pour un instant, j'ai la persévérance du maringouin qui me tourne autour depuis tantôt pour une transfusion de sang.

---

58 Ga 6, 9.

Choc*culturel

Faire le ménage avec des Indiens.

Spiritualité

Assis dans le silence des bourdonnements, je digère, j'incorpore et je souris. En gros, je goûte les petits bonheurs de la vie.

Depuis mardi, j'ai lu un Évangile par jour, suivi des Actes des apôtres en deux jours. C'était la première fois de ma vie que je prenais le temps de lire un Évangile du début à la fin en si peu de temps. En général, de 5 à 6 h du matin, puis de 20 à 22 h. De multiples détails intrigants me sautaient aux yeux, mais je ne me donnais pas le droit d'arrêter pour prendre des notes, bien que j'en aie eu si souvent envie.

Je me sentais comme au temps de mon adolescence, alors que je faisais exploser mon maïs soufflé dans un chaudron; à entendre la musique, j'avais bien envie de soulever le couvercle, pour voir… Mais je n'aurais pas eu grand *popcorn* dans le chaudron à la fin! J'espère donc qu'à ma prochaine lecture, j'aurai droit à la bonne odeur qui se dégageait alors que j'ouvrais finalement le couvercle!

Je suis un jouisseur. Je l'ai encore constaté cet après-midi.

Voyant l'orage venir, je sors ma chaise, m'assois sous le porche et savoure l'attente. La brume épaisse me donne l'impression d'être à même le nuage; les oiseaux se font silencieux et inertes, cachés sous les branches; le vent… il n'y a rien à dire sur le vent, car il ne souffle pas, ce qui fait que toute cette masse de gris se déplace très lentement.

Un éclair, 1… 2… 3… 4… 5… Broooum. C'est pas loin. La pluie engraisse, on la sent plus pesante, plus pressante.

Un éclair, 1… 2… 3… Brrrrroooooouuumm. Ça se rapproche; la musique s'intensifie, le toit ruisselle de joie, chaque goutte s'ajoute à une flaque.

Un éclair et KAPRRRRRRROW! Tonnerre rugissant, long et profond à faire peur! Puis l'apothéose : des ruisseaux se forment alors que la terre ne suffit plus à absorber la pluie déferlante. Les arbres eux-mêmes ressemblent à des bouteilles de champagne qui débordent et la pluie tombe et tombe et tombe alors que tout semble mort, couché à plat, abattu par tant de puissance.

Pendant cet instant, je me rappelle avoir voulu me lever et me mettre sous la douche, mais je ne sais quelle petite voix m'a suggéré de demeurer, comme les oiseaux, sagement à l'abri.

Un éclair, 1… 2… 3… 4… Brrooooum. Ça s'éloigne. La pluie se calme, la nature reprend son souffle et une brise froide me fait apprécier de ne pas être complètement trempé! Tout au long de ces délectables instants, jamais je n'ai cessé de sourire et de jouir profondément des merveilles de cette planète qui m'est si chère.

Quand je vais dans le bois, les oiseaux se sauvent à mon approche. Mais lorsque je m'assois en silence, sans mouvements brusques ni raclage de gorge, petit à petit, ils reviennent et recommencent à chanter. Souvent, je les entends sans les voir, car ils se tiennent au sommet des arbres. De temps à autre, j'ai la chance d'en apercevoir un qui se pointe le nez et disparaît presque aussi vite. Plus je demeure longtemps et calmement assis au même endroit, plus je vois la vie éclore de tous bords tous côtés:

Avec Dieu, c'est pareil.

Spiritualité

Chaque jour, je me rends au Resurrection Garden[59]. Dans ce cimetière monastique, au pied d'une grosse croix en roches massives, je prie, je lis et je parle avec Dieu. Aujourd'hui, nous avons discuté du retour en gloire de Jésus Christ avec tambours et trompettes, tel que décrit dans quelques livres de la Bible. Comme certains le prennent au pied de la lettre et que je ne connais pas sa position sur le sujet, j'ai cru bon de lui spécifier que je n'y crois pas. Personnellement, lorsque j'entends un prédicateur nous l'annoncer, une petite voix dans ma tête répond en écho : « Combien de temps faudra-t-il encore que je sois parmi vous » et que j'endure toutes ces niaiseries!

Recherche de signes, de miracles, de prodiges, de pouvoir, d'un royaume céleste au modèle terrestre, d'un grand roi, d'un Roi des rois, etc. Toute cette théologie est bien différente de l'Amour vécu jusqu'à la croix et jusqu'à la victoire sur la déchéance. Les juifs espéraient un Messie qui les rendraient « maîtres chez eux » (comme on dit chez nous) et, qui sait, peut-être que certains espéraient aussi devenir maîtres du monde. Avec Jésus, quelques-uns ont découvert que la volonté de Dieu était tout autre, beaucoup plus humble et au service de la multitude. Mais ces mêmes apôtres, après avoir vécu l'expérience de la résurrection, après avoir goûté la victoire de l'amour sur la haine, sont bien vite retournés à leurs anciennes images de trônes et de juges. « Il doit y avoir une récompense glorifiante dans laquelle nous serons plus élus que les autres », se disaient-ils apparemment. Tout à fait humain, psychologiquement normal comme réaction et malheureusement ainsi écrit par les hommes qui ont mis en mots leur foi, leur espérance.

---

59 Jardin de la Résurrection.

Certains de ces hommes étaient convaincus qu'ils ne verraient pas la mort avant que les portes du paradis ne s'ouvrent et que leur corps soit transformé. Paul écrit : « Oui, je vais vous dire un mystère : nous ne mourrons pas tous, mais tous nous serons transformés. En un instant, en un clin d'œil, au son de la trompette finale, car elle sonnera, la trompette, et les morts ressusciteront, incorruptibles, et nous, nous serons transformés[60]. » Le saint homme est convaincu que cela arrivera avant sa propre mort. Il en a eu des visions et des révélations. Et aussi quelques fabulations. C'est normal. Mais cela m'amène à être prudent avec les Écritures saintes. Il est important d'avoir en tête ces quelques lignes et de comprendre l'urgence vécue par Paul lorsque nous lisons ses lettres. Ses recommandations et son ardeur sont teintées de cette illusion d'un retour en gloire imminent.

Je sais par expérience qu'une conversion intense imprègne dans la personne un sentiment d'urgence teinté de fatalité. Avec le temps, la fatalité s'estompe et l'urgence se transforme. Urgence de s'impliquer, de vivre, de goûter la vie comme si c'était la dernière journée. Une urgence pleine de douceur, de patience et de désir. Évidemment, j'imagine que même l'urgence peut disparaître. Mais « par la grâce de Dieu », comme dirait l'autre, j'ai réussi à la maintenir vivante depuis 10 ans. Merci pour ce pain quotidien[61].

Toujours est-il qu'en ce qui concerne le « retour en gloire du Christ », j'y retrouve le portrait du Messie tel qu'espéré

---

60   1Co 5, 51-52.

61   En octobre 2005, un mois après notre retour au Québec, alors que j'étais profondément désabusé par notre civilisation occidentale, j'écrivais ceci : « L'urgence est maintenant morte avec le reste de mes sentiments. Je suis de marbre mou et plus rien ne m'affecte. Si l'être humain a décidé de filtrer chacune de ses décisions en passant par le portefeuille, ben qui mange d'la marde. » Pour la première fois en dix ans, l'urgence mourait.

par les apôtres : un Messie qui ferait d'eux des ministres. Au fond, même parmi les plus grands acteurs du début du christianisme, certains n'avaient « rien compris », en ne faisant que reporter leurs anciennes espérances sur la victoire de l'humilité de Jésus. « Enfin on va l'avoir not' nanane! », se disent-ils après avoir eu l'impression d'avoir tout perdu. Évidemment, cette espérance nouvelle, combinée à la certitude d'une fin du monde imminente, procure un zèle et stimule les grandes gueules. Celles-ci partent en croisade, sont extrêmement convaincues et convaincantes et donnent un sens, à court terme, à la vie de milliers de gens qui ne faisaient que vivoter en attendant qu'il se passe quelque chose.

Encore aujourd'hui, des situations semblables se produisent régulièrement. À l'approche de l'an 2000, on a eu droit à bien des versions de l'apocalypse. Après le 11 septembre, combien se sont levés pour parler de la main de Dieu ou encore du bras de Satan. Mais ces deux-là n'ont rien à voir avec le 11 septembre. Quand tu craches en l'air, ça te retombe dans la face. Est-ce la faute de Dieu? Non. C'est la loi de la gravité[62]. Pendant ce temps-là, il y a 2 000 ans comme il y a 2 jours, des voix plus raisonnables lèvent la main pour dire que ce n'est peut-être pas tout à fait comme ça que ça va se passer. Ou que les causes sont peut-être beaucoup plus concrètes qu'on ne le pense.

Je m'imagine, tel que je suis aujourd'hui, planté devant Pierre ou Paul et leur disant : « Excusez-moi, j'crois que vous en avez manqué un boutte. » Je serais fustigé, et ne serais sûrement

---

62 Le lecteur averti se posera la question : « Dans quel sens dois-je prendre les mots loi de la gravité? Attraction terrestre inévitable ou grave catastrophe nécessaire au renouvellement de la solidarité? » Sachez donc, cher lecteur averti, que la soudaine certitude que la nécessité des catastrophes soit une des lois fondamentales de la nature ne m'est apparue qu'en second, mais qu'elle dépasse maintenant de loin en importance l'interprétation première.

pas reconnu comme un apôtre, un disciple ou un prophète du Christ, mais bien comme un persécuteur ou un faux prophète, comme Paul écrit si souvent. Quand je fais le parallèle avec tout ce qui s'est passé depuis 2001 et la façon dont furent accusés d'être anti-américains ceux qui ont osé élever la voix contre la guerre en Irak, un gros soupir m'habite.

Heureusement, à travers tous ces élans de parousie[63] cataclysmique, je crois que le cœur du message de Jésus, dans ce qu'il avait de révolutionnaire, est clair comme de l'eau : deux commandements, des Béatitudes, le père prodigue, le Notre Père, le sang versé pour la multitude, l'hymne à la charité, l'humilité de Dieu, les temples que nous sommes, etc. Voilà un message messianique. Voilà un message qui sauve, qui nous libère de nous-même pour nous orienter vers les autres.

Car si je crois que le retour en gloire du Christ n'était en fait que fabulations d'une jeune Église toute excitée, j'espère tout de même l'avènement du Royaume. Tel est mon espoir chrétien : que Dieu dévoile son humilité à de plus en plus de monde, que les artisans de paix, les assoiffées de justice et les cœurs purs continuent de marcher, que l'argent soit au service de l'homme et non le contraire, que meurt le légalisme, le capitalisme et la plupart des « ismes » et que nous réalisions tous que, si un extraterrestre débarquait ici en pleines montagnes, il n'aurait pas besoin de faire des trous comme nous faisons sur Mars pour trouver des traces d'humidité. La vie lui sauterait en pleine face dans toute sa splendeur et sa diversité et il aurait l'impression d'avoir trouvé l'Oasis des oasis. Puis, il continuerait sa tournée, arriverait à New York, étoufferait sous la pollution et s'écrierait : « Mais ma foi! Envoyez-moi une coupe d'avions là-d'sus! » N'importe quoi! Je m'emporte.

---

63 La « parousie » signifie le retour en gloire du Christ.

En fait, ce que je voulais dire, c'est que mon espoir chrétien est que chacun puisse découvrir la beauté, la force, la fragilité, la violence et l'unicité de la vie telle qu'elle est vécue sur notre planète. Et si je me trompais, et que Jésus revenait sur un nuage au son des trompettes et qu'il me disait « veux-tu un trône pour juger le monde avec moi? », j'espère que j'aurais le *guts* de dire non. Ce serait tentant en maudit, parce que c'est quelque chose d'assez naturel chez moi de juger le monde!

Ce que j'écris, je l'écris d'abord pour moi, pour que le Royaume se construise d'abord en moi et que moi, Rémy Perras, je me botte le cul pour vraiment reconnaître chaque être humain comme mon frère ou ma sœur. Et puis, l'aimer. Même s'il oblige sa femme à se voiler de noir de la tête aux pieds, même s'il se croit dans une caste supérieure, même s'il écrase des crabes pour rien, même s'il ne respecte pas le silence, même s'il est États-Unien, même s'il ne me reconnaît pas comme son frère… Comme c'est beau quand c'est écrit! Demain matin toutefois, je recommence tout à zéro. « *Buena noche hermanos y hermanas*[64]! »

---

64   « Bonne nuit, mes frères et sœurs! »

De : Rémy
Envoyé : 30 janvier 2005 09:29:51
Objet : Back to

Bonjour à tous!! Nous revoici dans la pollution, la chaleur et la technologie après 2 semaines de silence et prière dans un monastère trappiste et dans les montagnes.

En effet, après une semaine dans une paroisse de Allepey, où nous avons eu un contact vraiment fort avec le curé et les paroissiens (la cuisinière serrait Karine dans ses bras avec beaucoup d'amour et le sacristain me tapait sur l'épaule en me parlant en malayalam avec un tel enthousiasme, comme si j'avais compris quoi que ce soit! Et comment oublier cette partie de volley-ball avec un filet à la hauteur du torse, les transports permis, les smashs sur service aussi, aucune passe et un peu de trichage sur les points!! Je me suis adapté!)

(Ouf!! C'était toute une parenthèse!! Je disais donc : après une semaine dans une paroisse de Allapey), nous avons cheminé vers le Kurisumala Ashram. Montagnes magnifiques, prières monastiques indianisées, avec des fleurs et beaucoup d'encens, silence et de multiples oiseaux. Comme nous dormions dans des chambres séparées et que la loi du silence nous empêchait de nous parler, Karine et moi ne nous chuchotions que quelques minutes par jour. Mais chaque fois, nous parlions avec enthousiasme des nouveaux oiseaux que nous avions découverts dans la journée. Pour la première fois de ma vie, dans les sous-bois, j'ai vu un coq sauvage s'envoler avec fracas à mon approche. Ça surprend!! Et tous les soirs, j'avais dans mon lavabo une petite grenouille d'à peine un centimètre, transparente avec des yeux noirs.

Dans quelques jours, nous retournons dans la prière pour une semaine ou deux, alors ne vous inquiétez pas si vous n'avez pas de nouvelles!! Mais ne vous gênez pas pour nous souhaiter la bonne année en retard!! En attendant, nous demeurons avec Father Sangheet, un jeune prêtre tout à fait merveilleux!

rémy
xxy xxy xxy

Choc*culturel

Dernièrement, j'ai constaté que je me sentais vraiment bien en Inde, conséquence bénéfique de notre séjour sur les plages de Kovalam. Depuis lors, je suis plus souple, plus relax et autres synonymes. Avec le recul, je peux maintenant ajouter que les paroissiens d'Allepey et Father Edward y sont aussi pour quelque chose. Voici quelques faits saillants.

A. Avec les jeunes de la paroisse, derrière l'église, j'ai joué quelques parties de volley-ball. Au beau milieu d'une des parties, tout s'arrête. Je croyais que quelqu'un s'était fait mal. Silence total. J'arrive pour parler et les motiver à reprendre le jeu, lorsque je remarque leurs mains jointes, leurs yeux fermés et leurs lèvres remuantes. Les cloches de l'église sonnaient l'angélus. Ça m'a édifié. Une minute plus tard, le brouhaha avait repris avec intensité, puisque le soleil se couchait et que chaque seconde comptait pour gagner la partie! Surtout que nous tentions une remontée impossible et qui s'est finalement avérée... impossible. Nous avons perdu 15 à 9. Mais, pour l'orgueil, je dois préciser que nous les avions massacrés 15 à 2 dans la partie précédente!

B. Nous avons assisté à un *program*, compétition artistique et sportive entre les orphelinats. Sur une petite scène, une jeune fille dansait devant trois juges à l'air blasé et quelques centaines de personnes à moitié attentives. Sur un côté de la scène, une table où trois hommes s'occupaient de la technique : lever du rideau, appel des concurrents, etc. Soudain, un vieux monsieur monte sur la scène avec son plat de bananes et en offre à tout ce beau monde. Il est à un pied, deux maximum, de la jeune danseuse et propose ses bananes. Et la jeune fille de continuer à danser comme si de rien n'était.

C. Pendant ce temps, nous faisions partie de la foule à moitié attentive. Une de nos source de distraction, outre M. Banane, était l'odeur de pisse qui nous léchait les narines à chaque coup de vent. Le châle sur le nez, la grimace dans les yeux, nous tentions de survivre. Lorsque les petites Indiennes nous ont vu faire, elles ont d'abord ri de nous : « Ha! Ha! Ha! ils trouvent que ça pue! » Puis, elles se sont mises à sentir… et à réaliser que ça puait vraiment.

Ces trois exemples, ainsi que bien d'autres, me démontrent l'incroyable capacité des Indiens à censurer ce qui n'a pas d'importance à leurs yeux (ou à leur nez!). N'importe quel enfant de chez nous aurait piqué une crise devant M. Banane et une foule si peu attentive. Par ailleurs, il n'y aurait même pas eu de foule à cause de l'odeur. D'un côté, ils ne sont pas à l'écoute de leur sens, de leur sentiment et de leur intérieur. De l'autre, ils ont une détermination et une force qu'on voit rarement chez nous.

De : Rémy et Karine
Envoyé : 7 février 2005 06:37:27
Objet : Mixte

Karine vous dit :

Nous voici maintenant dans le Tamil Nadu, l'État des Tamouls!! Le Tamil Nadu est plus pauvre que l'État du Kerala, alors les Tamouls veulent aller travailler au Kerala (plus payant) et les gens du Kerala veulent aller travailler dans les provinces du golfe Persique (plus payant). Personne par contre ne veut venir travailler au Tamil Nadu!

Rémy vous dit :

Nous revoici en ashram. La vie d'ashram est calme et stimulante. Je viens de terminer la lecture de *Dieu et la science* », livre de Jean Guitton et des frères Stroganov (c'est pas ce nom-là du tout, mais ce sont deux frères physiciens russes). Du bonbon pour mon cerveau, un livre avec qui il fait bon contempler, mais aussi réfléchir et contredire!

Maintenant, je découvre la poésie mystique de Teilhard de Chardin. Je n'ai lu que 15 pages, mais je suis séduit par l'équilibre et la fougue des paradoxes qu'il avance.

Et humainement parlant, Brother Martin, plus ou moins responsable de l'ashram où nous sommes, nous apporte un éclairage très oriental de la Bible dans ses enseignements, exactement ce pourquoi j'étais venu en Inde. J'en suis très heureux.

Les choses vont bien, on rencontre des gens formidables, on reçoit des courriels pleins de soleil et on vous aime!

À bientôt (Déjà 5 mois!!!)

Karine et son doux perroquet à la barbichette géante!

xxy

Grosse bouchée d'esprit

« La connaissance quantique que nous avons de la matière nous amène à comprendre qu'il n'existe rien de stable au niveau fondamental : tout est en perpétuel mouvement, tout se change et se transforme sans cesse, au cours de ce ballet chaotique, indescriptible, qui agite frénétiquement les particules élémentaires. [...]
Finalement, les objets qui nous entourent ne sont que vide, frénésie atomique et multiplicité[65]. »
Jean Guitton et les frères Bogdanov

---

65 Jean Guitton, I. Bogdanov, G. Bogdanov, *Dieu et la science*, Paris, Grasset, 1991, p. 116.

La peur d'être complètement « dans l'champ » étant parfois présente, il est bon de se savoir appuyé dans ses inspirations. Quoiqu'il me soit déjà arrivé de réaliser que, peu importe la teneur de la réflexion, il y a moyen de se sentir confirmé. Ainsi, celui qui est convaincu que le monde a été créé en sept jours se verra certifié par une grande littérature. (« Même s'il est complètement dans l'erreur… », ajoute-je silencieusement dans ma tête, pour ne pas le blesser, mais aussi parce que j'ai moi-même un peu peur de fabuler parfois!)

Personnellement, en lisant le livre *Dieu et la science*, j'ai un petit bombage de torse. Naturellement, je suis fasciné par le chaos. Et depuis que je suis en Inde, encore plus! Des phrases comme « Je rêve d'une maison solidement décomposable » ou « Depuis des années, la seule chose stable en moi est mon instabilité », écrites lors de pérégrinations antérieures, prennent ici tout leur sens. Ceci me donne une humble fierté et une profonde reconnaissance envers ce Dieu qui m'accompagne de ses lumières dans mes réflexions sur la vie.

Spiritualité

« Dieu est le même hier, aujourd'hui et demain. » Cette phrase populaire, inspirée de la lettre aux Hébreux[66], enferme Dieu dans une conception statique d'un Dieu parfait, se suffisant à lui-même et sans désirs (ou alors avec un seul désir, celui d'aimer). Mais si la perfection de Dieu tenait plutôt dans une inaltérable capacité d'évolution? Si la perfection de Dieu tenait dans une incroyable volonté de se régénérer à chaque fraction de seconde, comme une incessante disponibilité à être « mis à jour »? Si tout cela était un besoin pour Dieu, une nécessité, un désir irrépressible d'être, d'être présent à tout instant? Et si Dieu était d'un amour intransigeant, se refusant toute concession sur le chemin crucifiant de la miséricorde perpétuelle, ressuscitant ainsi toujours plus fort dans son désir d'être en relation, d'être en communion profonde, d'être un avec ce qui émerge de lui?

Lui, la pierre d'angle si souvent rejetée par les bâtisseurs, s'émerveille inlassablement devant la victoire de la vie. Dieu est immensément logique et complètement imprévisible. En lui règne le chaos qui renouvelle continuellement sa force vitale et son désir de donner la vie. Comme si Dieu acceptait à tout instant de mourir pour mieux revivre et ce, à cause d'une soif de bonheur insatiable. Ainsi, Dieu, mon roc, n'aurait de stable que son instabilité, que sa fragilité[67].

---

66   « Jésus Christ est le même, hier et aujourd'hui, et pour les siècles. » He 13, 8.
67   Me construis-je un Dieu à mon image, ou est-ce que je découvre le visage de Dieu en moi?

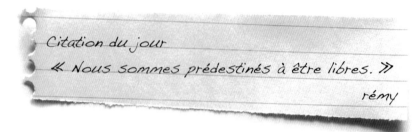

Citation du jour

« Nous sommes prédestinés à être libres. »

rémy

Spiritualité

Depuis quelques semaines déjà, la question de la prédestination me fascine. Cette réflexion est à mettre en continuité avec celle sur la liberté. Je me suis rendu compte que la liberté était moins grande que je ne le pensais, fortement conditionnée par le milieu social, la pub, l'époque, la technologie, les lois, les traditions, les religions, les courants philosophiques à la mode, etc. Ainsi, un Indien pauvre ne peut décider librement de bien se nourrir en mangeant les portions recommandées par le guide alimentaire de Santé Canada.

De plus, l'impression d'être libre est extrêmement éphémère puisque tout choix fait « librement » apporte avec lui une conséquence que je ne suis pas libre d'accepter. Par exemple, un jeune, qui ne vit probablement pas en Inde, se libère de ses parents en prenant un appartement, mais s'engage à plusieurs paiements. Le désir de liberté sans conséquence n'est qu'un fantasme récurant.

La réflexion sur la prédestination dans la Bible est venue à son tour empiéter sur le terrain de la liberté. Notre bagage génétique nous prédisposant dans nos forces et faiblesses physiques et psychologiques, il est impossible qu'il n'influence pas aussi notre désir de chercher Dieu, la manière dont il viendra nous toucher et le choix de la vie spirituelle qui nous nourrira. Chez moi, silence et contemplation m'aideront à m'intérioriser et l'écriture sera l'expression de ma prière, de ma foi. Chez Karine, l'écriture l'aidera à s'intérioriser et la peinture sera l'expression de sa prière, de sa foi.

Après tout cela, une grande question demeure. Chaque mouvement de l'esprit me ramène à cette interrogation embêtante : « Suis-je né libre ou prédestiné? » Ce que je suis, ce que je choisis d'être, ce que je me suis laissé devenir, l'ai-je choisi librement ou suis-je inconsciemment guidé par ce que « Je suis » au plus profond de mes entrailles?

Nomade sédentaire, pragmatique passionné, romantique calculateur, spirituel jouissif, etc. Tout me semble inscrit au plus profond de moi-même. Au fur et à mesure que je vieillis, j'émerge de moi-même. Mes forces et mes faiblesses conditionnent l'ardeur de mon désir, le faisant passer de nul à buisson ardent, selon l'objectif. De même, ma santé, ma capacité à faire face au rejet ou aux épreuves, ma confiance et tous les autres aspects si fragiles de ma vie sont le résultat de la collaboration entre mon bagage génétique et le milieu dans lequel j'évolue.

J'en viens donc à la proposition que je suis né « prédisposé » et que je fus « conditionné à » par mon milieu de vie et mon époque et qu'en aucun cas, les choix que j'ai faits ne furent faits librement. Voilà qui va à l'encontre de tout ce que j'avais toujours cru, c'est-à-dire que l'être humain avait été créé libre.

À ce point, j'en arrive à me dire que même le penchant naturel pour ce qu'on appelle le bien ou le mal est… naturel. Il est ancré en nous. À la limite, ma capacité à résister à une tentation est déjà inscrite dans ma force de caractère et dans l'échelle de mes valeurs, elle-même déterminée par ce que je suis et ce que j'ai vécu. Voilà une constatation qui me choque au plus haut point, car elle pourrait si facilement devenir un tremplin vers le laisser-aller, la déresponsabilisation, l'infantilisation, le libertinage et la violence gratuite. Bref, un paquet de choses qui existe déjà sans moi et mes élucubrations.

Il est certain que j'aimerais beaucoup que tout un chacun, constatant une prédisposition à détruire, ou plus sobrement dit, une faiblesse, que chacun donc ait le réflexe de lutter pour chercher la qualité de son défaut plutôt que de se dire : « Ah ben qu'esse-tu veux? Chu d'même, chu d'même[68]. » Mais je constate que le désir de s'améliorer ou de grandir n'est pas un moteur présent chez tous. Ce n'est pas un défaut. Ce n'est pas un manque. C'est un état[69].

En fait, comme Khalil Gibran me l'a suggéré dans son livre *Le Prophète*, j'apprends à m'extirper de la notion du bien et du mal. Ainsi, le pommier produit des pommes et le roncier produit des ronces. Non seulement il n'y a en pas un des deux qui soit bon et l'autre mauvais, mais ils sont tous deux essentiels, car certains oiseaux font leur nid dans les pommiers et d'autres vont se réfugier dans les ronces.

« Est-ce à dire que la liberté n'existe pas? » me demande-je. J'ai bien failli me répondre : « Malheureusement, oui », lorsque mon âme s'est écriée : « Mais bien sûr que non! »

« Comment? Comment? Qu'est-ce que cela? Nous voyons bien que la liberté n'existe pas dans un monde où tout est

---

68   « Ah ben qu'esse-tu veux? Chu d'même, chu d'même. » Cette phrase m'irrite depuis toujours. J'y vois une démission complète et un refus de grandir. Je réalise que, vu l'irritation provoquée, je devrais moi-même chercher la qualité du défaut. Disons que les gens qui rabâchent cette phrase ont l'avantage d'accepter leurs limites. Est-ce que j'accepte mes limites? « Bien sûr que non! Mais c'est pas une raison pour qu'y démissionnent. » « Reste là-dessus », me dirait Christian Simoneau, animateur de la retraite *Se brancher à sa mission*.

69   Et puis, qu'est-ce que l'amélioration? Selon quelles normes? Suis-je libre de ces normes ou m'améliore-je lorsque je redeviens productif pour le système économique?

planifié, où tout semble dépendre de ce qui est gravé à l'intérieur de moi et des choix que ma société me donne. »

« Si un homme, poursuivi par des voleurs, parvient à leur échapper? Si une femme s'arrache à son mari qui la battait? Si une dette écrasante est effacée? Si un diplôme est obtenu? Tous ne goûteront-ils pas avec joie cette libération? »

« ... »

Il y a, c'est vrai, au creux de tous les êtres humains, une prédisposition à accueillir avec joie une libération. Bien sûr, il y a toujours la peur d'être libéré à cause des conséquences que cela va entraîner sur notre vie. Mais même de cette peur nous pouvons être délivrés. Et lorsque cela arrive, nous goûtons une légèreté appréciable, une joie indicible. Cette joie fait naître en nous le désir d'être libéré de nouveau.

Les publicistes le savent bien. Ainsi, tous les Swiffers de ce monde nous promettent une plus grande liberté, acquise dans la facilité du jetable et prometteuse de grands bonheurs, vu le sourire de la madame à la télé. Et nous perdons alors notre libération au profit de la libéralisation. Mais ça, c'est autre chose. Le point important est que, même si nous ne naissons pas libres, nous naissons tous avec une prédisposition à accepter avec bonheur une libération. Avec le temps, ce bonheur est devenu un moteur pour moi et pour bien d'autres.

Un certain détachement devant le bien matériel m'a libéré d'une lourde pression sociale. Volontairement, je recherche donc à me libérer ou à être libéré de ce qui m'entrave et, chaque fois que je meurs à moi-même, je goûte une liberté plus grande. « Je crois que l'on revient mieux après le départ de soi-même », chante Daniel Bélanger[70].

---

70 Daniel Bélanger, *Revivre*.

De plus, je réalise que je n'ai pas besoin de courir après les libérations. Elles viennent comme l'automne, en son temps, et sont souvent suivies d'un hiver, car encore faut-il « deuillir » l'objet de mes libérations. Lorsque j'ai décidé de quitter mon emploi parce que je sentais que j'avais donné ce que j'avais à donner, parce que je savais que j'avais besoin de me ressourcer et de transiter, j'ai d'abord vécu une euphorie. C'était l'automne aux mille couleurs.

Ensuite, les feuilles sont tombées : à mesure que je réalisais la beauté de ce que je laissais, je me sentais dépouillé d'une partie de moi-même, jusqu'au gel de mes émotions et de ma volonté. Mais après l'hiver, le printemps! Et me voici en train de bourgeonner! Cette résurrection me fait apprécier d'autant plus la libération vécue et me prépare à en vivre d'autres.

J'imagine qu'au terme de ce voyage, la libération ultime sera celle de mon ego[71]. Et ce sera alors le paradis, puisque je deviendrai non seulement pleinement moi-même, mais aussi à même d'accepter joyeusement toute la différence de l'autre. Je serai pleinement libre. La liberté n'est donc pas le principe fondateur de mon existence sur cette planète, mais je suis prédisposé, et nous le sommes tous, à être libre[72].

---

71   Le lecteur, étourdi par les dernières envolées lyriques, pourrait ici être empreint d'un doute majeur : « L'auteur parle-t-il du voyage de la vie ou alors a-t-il la prétention de croire qu'au terme de son voyage en Inde, il sera libéré de son égo? » Sachez donc, cher lecteur étourdi, que l'auteur sait très bien que son orgueil ne mourra que quelques minutes après lui, mais que ce même égo mourrait d'envie de me faire croire qu'après un tel pèlerinage d'un an à travers le monde, il aurait rendu l'âme, pourfendu par les lames d'une humilité acquise dans le dépouillement de moi-même.

72   Sachant cela, la joie causée par la libération devient un excellent point de départ de l'épanouissement spirituel. Il faut apprendre à se baser sur la joie des libérations antérieures afin de dénouer ce qui en a besoin maintenant.

Il y a, c'est vrai,
au creux de tous
les êtres humains,
une prédisposition
à accueillir avec joie
une libération.

Comme je viens de le lire dans Chardin, la mort n'est pas le résultat d'un péché originel humain[73]. La mort existait déjà bien avant l'homme. La première cellule fut la première défunte. « Hier doit mourir pour qu'aujourd'hui existe, et aujourd'hui devra mourir pour que demain existe », nous disait Brother Martin lors d'un enseignement. Nos cellules sont en continuelle régénération et « nous » mourons probablement des millions de fois par jour. C'est ainsi que la vie grandit. Si, à la base, les cellules avaient le réflexe humain de s'accrocher à leur existence, ce serait la fin de tout. L'inertie totale.

Choc*culturel

J'assiste présentement à des funérailles hindoues. Alors que, chez nous, on ne descend même plus dans la terre le somptueux cercueil fermé devant la famille, parce que certains pétaient des crises de nerfs (ce qui est tout à fait normal et souhaitable), ici on brûle le corps sur un lit de bois et de noix de coco. Devant nous, une vieille dame de 75 ans se consume sous une couche de paille et de boue. Demain matin, ils viendront chercher les os.

C'est ainsi que j'aimerais moi-même finir, je crois. Un petit tas de cendres répandues dans un lac et au pied d'un érable. Ainsi, ceux qui voudront faire mémoire de moi le feront chaque fois qu'ils croiseront un de ces éléments et qu'ils prendront conscience de la vie qui les habite.

---

73 Malheureusement, je ne parviens pas à retrouver avec précision le titre du livre de Chardin qui m'est passé sous la main cette journée-là.

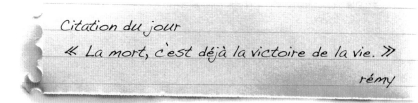

Citation du jour
« La mort, c'est déjà la victoire de la vie. »
rémy

Spiritualité

Il m'est impossible d'imaginer un monde où il n'y aurait pas de mort, puisque de toute façon chaque naissance nécessite une mort. La graine de blé est un classique. L'orgasme, que l'on appelle aussi « petite mort », en est un autre. Et si apprendre à jouir nous apprenait à mourir? Et si nous étions conscients qu'il y a dans la mort un élément de jouissance, puisque chaque mort porte en elle une libération? Et si Dieu avait été le premier à mourir à lui-même, à son éternelle uniformité, afin de donner naissance à la matérialisation de la diversité spirituelle? « Dieu qui meurt à lui-même? Ridicule! Dieu est Dieu, il ne meurt pas. » Quelle folie! Quelle sagesse! Ce ne serait pas la première fois que Dieu scandaliserait l'humanité.

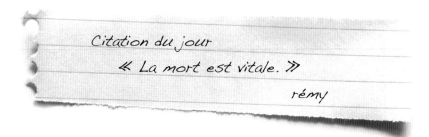

Citation du jour
« La mort est vitale. »
rémy

Spiritualité

Il y a quelques jours, j'écrivais : « Et si nous étions conscients qu'il y a dans la mort un élément de jouissance, puisque chaque mort porte en elle une libération? » Cette phrase a donné lieu à une belle discussion entre Karine et moi. La mort d'une personne malade est facilement vue comme une libération pour elle, mais aussi pour la famille qui se voit soulagée. En extrapolant, j'en suis arrivé à affirmer que chaque deuil comporte son aspect de libération. « Mais... c'est comme si chaque personne était un fardeau! » me dit-elle, outrée. « Eh oui! Dans un sens. Il y a des fardeaux légers et faciles à porter, mais fardeaux quand même! » Quand on perd quelqu'un, il y a bien sûr la douleur de voir s'évaporer toutes les qualités que nous aimions chez cette personne, mais il y a aussi, sans contredit, une libération de tout ce qui nous tombait sur les nerfs!

Nous continuons : « Même quand on perd un enfant?!? » s'exclame Karine. « Y'a pas plus fardeau que les enfants! » C'est une peine énorme, déchirante, que je ne souhaite pas connaître, mais un enfant est une grande responsabilité dont on se voit libéré s'il décède. « Mais c'est super égoïste! » me dit-elle. « Non, c'est tout simplement vrai et nécessaire. » Quelqu'un qui refuserait d'en arriver à cette étape, de peur d'être égoïste ou parce qu'il aurait l'impression d'être un traître à la mémoire de l'être perdu, resterait bloqué dans une image idyllique de la personne et aurait beaucoup de difficulté à passer à autre chose. Comme si sa vie s'était arrêtée en même temps que la mort. Mais la vie est plus grande que la mort! Même pas plus forte, même pas victorieuse. Tout simplement plus grande. La mort est une étape. La mort est vitale. Et quand, après des mois, parfois des années, un deuil s'ouvre enfin sur la libération, c'est déjà une résurrection!

Je ne dis pas que c'est facile, court et magique. À part le jetable, il n'y a rien de facile, court et magique. Si je perdais aujourd'hui Karine, j'en capoterais une *shot*. Mais, aussi soupirant cela puisse-t-il être, je serais aussi libéré. Lorsque nous sommes arrivés au Kurisumala Ashram et que nous avons pris chacun notre route pour deux semaines de solitude et de silence, je me souviens parfaitement de la sensation éprouvée alors que je franchissais la porte qui menait au dortoir des hommes; c'était une sensation de légèreté. J'ai physiquement ressenti, avec un grand sourire, un poids tomber de mes épaules. Plus de compromis à faire, plus de décision à discuter. Pourtant, la vie n'est pas difficile avec Karine. Et cette libération ne m'a pas empêché de m'ennuyer d'elle pendant deux semaines! Enfin bref… Tout ça pour dire que la mort et chaque petites morts du quotidien, si elles sont bien vécues, sont chaque fois sources de libération.

Et voilà Karine qui revient à la charge : « Pis celui qui est obligé de faire le deuil de sa jambe parce qu'elle s'est fait couper… Y'é libéré de quoi? » « La question était bonne, alors je réfléchis[74]… » (John the Wolf)

---

[74] JEAN LELOUP, *Le dôme*.

Plusieurs heures plus tard, je répondis : « Pour une personne qui perd une jambe, il est possible de réaliser d'une façon particulière que ce qui compte est au-delà du physique, de l'apparence physique. Une personne se voyant ainsi handicapée n'aura plus jamais le même regard sur les autres handicapés, sur les autres en général et sur la vie. Voilà une libération possible du matérialisme et de l'apparence. »

Dans la suite de ma réflexion, je me dis que matérialisme et apparence ne sont pas mauvais, sauf si on en fait des absolus, comme de raison. Sans être un matérialiste avide, j'aime mon corps et j'aime être beau, particulièrement aux yeux de Mme mon Épousée. S'il m'arrivait de perdre un membre, j'en éprouverais tristesse et révolte, assurément. Mais j'espère que j'en arriverais à cette étape de l'approfondissement de la vie qui me la ferait apprécier encore plus et qui me donnerait envie de dire aux gens : « Mais vivez, bon sang! Mais vivez donc! »

Spiritualité

Après la lecture d'un extrait de la lettre aux Hébreux parlant du jugement dernier, Brother Martin nous a expliqué que, selon lui, il n'y a pas de juge de la cour suprême en Dieu, qui est amour inconditionnel. En fait, notre conscience sera notre seule juge, puisqu'elle sera alors à même de voir chaque fois que nous serons allés contre notre dignité, contre notre humanité. Tout à fait d'accord. J'en étais déjà convaincu.

Quelques jours plus tôt, pour expliquer la présence du mal sur la terre, Brother Martin avait aussi évoqué l'exemple très connu d'un abuseur qui, dans son enfance, avait déjà été abusé. En combinant ces deux enseignements, c'est comme si, tout à coup, ce que j'avais déjà pressenti m'était exposé comme une certitude triomphante. En quelques secondes me sont apparues l'éternité et les intenses démarches de réconciliation que nous avons à y vivre. Je m'explique.

Après la mort physique, celui qui se retrouve en vérité avec lui-même verra en toute conscience chacun de ses péchés, chacun de ses manquements à la dignité. Mais dans un même mouvement, il en verra aussi la cause et pourra entrer dans une démarche de pardon envers lui-même. Ensuite, se retournant vers la cause, il en verra aussi la racine. Il entrera alors dans une démarche de pardon envers l'autre, ayant vu que si ce dernier l'avait fait souffrir, c'est qu'il avait lui-même manqué. Manqué d'amour, de présence ou de n'importe quoi d'autre.

De fil en aiguille, il remontera jusqu'aux racines de l'humanité, voire de la vie, et il réalisera qu'on se tient tous par les couilles et que, dans notre multitude, nous ne faisons qu'un. Impossible donc, en toute conscience, d'en vouloir à qui que ce soit sans s'en prendre à soi-même. La prochaine étape : réaliser que, sans l'ombre d'un doute, ses souffrances auront donné du fruit. Il savourera alors une joie qui le guidera au-delà de la notion du bien et du mal, une joie vivante et profonde de voir que tout était pour le mieux, que tout était parfait.

À noter que tout cela est un processus de pardon qui nous fait entrer dans la miséricorde de Dieu et qui nous mènera à pardonner sept fois soixante-dix-sept fois la même niaiserie à toute l'humanité. À noter aussi que, puisque chaque pardon implique une mort à soi-même, la mort après la mort existe!

Il y a des morts après la mort! Tout cela pour nous mener à la surabondance de la vie! Pour nous garder bien en vie!

Est-ce que tout cela sera facile? Bien sûr que non! Est-ce que tout cela sera jouissif? Bien sûr que oui! Est-ce que tout cela se vivra seulement après la mort? Bien sûr que non! Et c'est là le plus important dans toutes ces élucubrations. L'éternité commence maintenant. J'ai depuis longtemps l'intime conviction que, comme il est écrit dans les Évangiles, « ce qui est lié sur la terre sera lié aux Cieux » et que « ce qui est délié sur la terre sera délié aux Cieux ». Toutes nos crispations, nos rancœurs refoulées et nos petites et grandes haines sont des chaînes que nous accumulons et qui nous alourdissent maintenant, mais aussi lors de la mort de notre chair.

Dès maintenant, nous pouvons, pour notre plus grand plaisir, commencer un travail interne qui nous guidera de libération en libération vers la plénitude. Délions mes chers amis, délions! Afin d'en arriver à goûter l'unité de l'humanité et l'unité de l'humanité avec Dieu. Nous pourrons alors tous dire ensemble à l'unisson et à quatre voix : « Moi et le Père, nous sommes un[75]. »

En attendant, j'aspire à le dire pour moi et pour tous. Et en cela, je dois dire merci à Brother Martin pour ces quelques enseignements. Lui, Guitton, les frères russes et Chardin m'ont fait réaliser, dans chaque fibre de mon être, que toute l'humanité et tout le cosmos ne font qu'un. Tout se tient, tout fait corps.

Déjà, je ne croyais pas à l'éternité de l'enfer, au concept d'une âme torturée sans fin. Comme je l'avais déjà entendu, « comment être éternellement heureux alors que mon frère se torture en enfer? Mon amour pour lui me brûlerait ». Mais

---

75 Jn 10, 30.

maintenant je puis dire : « Comment être éternellement heureux alors que mon pied se torture en enfer? » Car nous ne sommes qu'un. Un seul corps. Tout comme je ne saurais aujourd'hui être pleinement heureux si mon pied recevait continuellement des coups de marteau, je ne pourrai certainement pas l'être alors que je serai pure conscience. C'est tout mon corps qui en souffrira.

Lorsque j'ai exposé tout cela à Brother Martin, il était fort heureux. Alors que nous en arrivions au moment où notre âme passe de la dualité bien-mal à l'amour sans condition, il m'a dit : « *And then, it's like if you wake up and realize that all this life was a kind of illusion, like a dream. Like a bad nightmare. Ha! Ha! Ha!*[76] » Et là, je n'étais pas d'accord. Cette vie n'est pas une illusion, encore moins un cauchemar. L'incarnation est la meilleure chose qui pouvait m'arriver. Cette vie, je la savoure de plus en plus, même si je *rushe* comme un malade quand ça ne va pas bien.

Et bien franchement, avec cette nouvelle certitude qu'on en arrive vraiment à « tout était parfait » alors qu'on se présente de l'autre côté, je crois qu'au moment de ma mort, je réagirai comme un enfant qui court vers ses parents en ressortant d'un manège étourdissant et hallucinant. Les bras tendus, en courant vers mon Père et vers moi-même, je crierai « Encore! Encore! » Et comme un enfant, je ne serai pas libre de décider si oui ou non la journée est finie. Dieu me répondra : « Allez, viens, on rentre à la maison maintenant… » ou « Correct. Mais juste une dernière fois, ok? » ou encore « Ben oui, mon homme! Vas-y tant que tu veux! »

---

76   « Et là, c'est comme si tu te réveillais et réalisais que toute cette vie n'était qu'une sorte d'illusion, comme un rêve. Comme un mauvais cauchemar. Ha! ha! ha! »

Spiritualité : Évangile de Jésus Christ selon Brother Martin

(Du moins, ce que j'en ai compris et retenu.)

Tout d'abord, il divise le monde en deux. En Orient, les religions de la sagesse, ayant développé avec une grande profondeur l'union intime avec Dieu. En Occident, les religions prophétiques, axées sur la justice sociale et la nécessaire fraternité[77]. La Bonne Nouvelle de Jésus, le Royaume annoncé par Jésus, c'est la communion entre ces deux réalités.

Tout d'abord, en Jésus, « il y a plus que Salomon[78] », grand roi reconnu pour sa sagesse. Pour Brother Martin, le sommet de la sagesse de Jésus se trouve dans « moi et le Père, nous sommes un[79] ». Une relation qui abolit les frontières, une union parfaite, sans parcelle d'égo, avec l'Être. Voilà l'objectif suprême de la sagesse orientale.

Vient ensuite : « Ici, il y a plus que Jonas[80] », donc un prophète encore plus grand que Jonas, qui mena Ninive à la conversion. Quel est le sommet du prophétisme de Jésus, toujours selon Brother Martin? « Tout ce que vous avez fait au plus petit d'entre les miens, c'est à moi que vous l'avez fait[81]. » Voilà une pleine conscience de l'unité de l'humanité, au-delà de ce qui nous apparaît être une distance de lieu ou de temps.

---

77   J'ajoute, dans mes propres mots et pour ma propre compréhension : en Orient, une grande priorité est donnée au premier commandement (Aime Dieu de tout ton cœur, de toute ton âme et de toutes tes forces), au point de négliger parfois les relations humaines. En Occident, une conscience toujours renouvelée du deuxième commandement, qui lui est semblable : Aime ton prochain comme toi-même. Une floraison de bonnes œuvres, aux dépens parfois d'une vie de prière intense, profonde, mystique.

78   Lc 11, 31.

79   Jn 10, 30.

80   Lc 11, 32.

81   Mt 25, 40.

En Jésus, nous retrouvons l'amour, qui est la sagesse en action. Voilà le Royaume des Cieux annoncé à tous. Chacun est invité à se mettre en marche vers ce *fulfillment*[82], vers cette pleine communion avec Dieu et les êtres humains, afin de construire sa maison sur le roc. La Loi, le temple, les dogmes, les frontières de pays et de religions ne sont que sable, et ce qui y est construit finit toujours par s'écrouler. Construire sur le roc, c'est entrer dans l'instabilité du moment présent, libéré du passé psychologique et historique.

Nous ne sommes pas là pour la continuité historique de nos parents ou d'une Église. Nous sommes là pour le plein épanouissement de notre personne, qui se réalise dans l'ultime et pleine conscience de l'unité de l'humanité et de la non-dualité de l'humanité avec Dieu. Absolument conscient de cette double harmonie, le Christ ne pouvait verser son sang que pour la multitude, sachant que, s'il demeurait dans cette plénitude jusqu'au bout, c'est toute l'humanité qui y entrerait avec lui. Amen!

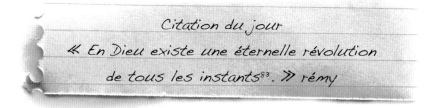

Citation du jour

« En Dieu existe une éternelle révolution de tous les instants[83]. » rémy

---

82 *Fulfillment* est un des mots les plus utilisés par Brother Martin. Nous pourrions le traduire par « épanouissement total et accomplissement complet ».

83 Le lecteur averti se questionnera : « Révolution… dans le sens de tourne et tourne et tourne encore sur son axe ou de bouleversement, cataclysme, renversement, révolte? » Sachez donc, cher lecteur averti, que la réponse se trouve dans les limites que votre logique impose à votre imagination. Dans ce cas précis, la mienne n'en a pas et mon âme savoure les mille et une images d'un Dieu qui s'expose aux incessantes explosions de la vie.

Un jour, s'il n'y avait plus de morts, il n'y aurait probablement plus de naissances naturelles non plus. L'élimination de la souffrance étant un objectif des plus motivants, l'accouchement serait aboli. De toute façon, s'il n'y avait plus de mort, il nous faudrait régir scrupuleusement les naissances, car, sinon, nous manquerions de nourriture pour que tout les Occidentaux puissent gaspiller convenablement.

Me reviennent en tête les images de *Demolition Man*, avec Sylvester Stallone (hyper philosophique!), dans lequel il se retrouve décongelé dans le futur. Une femme séduisante lui offre une aventure. Il veut l'embrasser, mais elle refuse! Comment refuser un baiser de Sylvester, je vous le demande! Tout simplement parce que les échanges de fluides corporels sont sujets à transmettre des bactéries. Petit à petit, ils ont donc été interdits, dans un souci de protéger l'être humain de la maladie et de la souffrance. Alors, ils font l'amour virtuellement, avec un casque sur la tête. Ces images m'ont marqué parce qu'elles sont plausibles. Elles reflètent le désir de certains de mes contemporains qui y travaillent. De plus, elles permettent un grand contrôle des masses par les autorités en place et sont évidemment très lucratives.

Vois-je une société aussi stérilisée d'un mauvais œil? Bof. Je suis bien content de vivre à une époque où je peux encore faire l'amour avec ma tendre et fabuleuse maîtresse, mais notre société est déjà bien aseptisée. Toutes ces avancées technologiques n'empêchent pas les gens à l'esprit communautaire de surgir, les maîtres spirituels de retourner aux sources, les philosophes de contredire, les artistes de dénoncer, les écolos de se battre et les humanistes de servir. Non, toute cette quincaillerie de bonheurs jetables ne les empêche pas d'exister. En fait, elle les suscite!

Bouchées d'esprit

Hier, nous avons eu notre dernier enseignement avec Brother Martin. Trois belles questions à retenir :

A. Est-ce que notre religion est Hérode ou Marie? Inquisitrice, puissante, cherchant à agrandir son royaume et à ne pas perdre ses acquis historiques ou alors ayant tout reçu et tout redonné, les yeux et le cœur fixés sur l'éternité.

B. Est-ce que notre religion est une tombe ou un utérus? (En anglais, jeu de sonorités intéressant entre *tomb* et *womb*.) D'une tombe, on ne ressort jamais.

C. Est-ce que notre religion est une cage ou un nid? Dans une cage, il y a la sécurité et le pain quotidien. Dans le nid aussi. Mais en plus, il y a la liberté et la contrainte extraordinaire d'avoir à quitter le nid pour apprendre à voler de ses propres ailes. C'est de là que l'on prend son envol pour éventuellement aller construire un nid duquel des enfants s'envoleront à leur tour.

De : Rémy et Karine
Envoyé : 19 février 2005 06:58:10
Objet : Encore nous

Hampi, ville préhistorique aux montagnes de roches. Un paysage impressionnant. Mais aussi beaucoup de harcèlement de toutes parts des multiples vendeurs-menteurs, ce qui rendait parfois la marche désagréable. Mais bon... Ce ne furent que quelques jours, et nous voici en route pour Delhi. Quarante heures de train.

On pense beaucoup. On pense beaucoup à vous.

On pense beaucoup à vous de temps en temps!

rémy

xxy

Voici un message de Karine, écrit il y a quelques jours, alors que nous étions à Bangalore.

Oui, oui, de retour à nos moutons. On est à Bangalore pour un jour seulement. Alors devinez qui est-ce qu'on visite icitte? Nos tigars de l'orphelinat Bosco. Et imaginez-vous que mon p'tit malade qui a un problème au cœur, ben il va beaucoup mieux. Il marche sans difficulté (mais il court pas), il a perdu BEAUCOUP d'enflure (j'ai eu de la difficulté a le reconnaître tellement il a fondu), ça veut dire que sa circulation sanguine est meilleure. Il a même transporté mon sac à dos! Vous ne pouvez pas vous imaginer la joie qui est montée en moi lorsque j'ai vu qu'il allait mieux. Je m'attendais à ce qu'il ne soit plus de ce monde tellement il était mal en point quand je l'ai quitté, il y a de cela 3 mois! « *THANKS BE TO GOD!* », comme on dit en bon français!!!

On prend l'avion pour l'Europe le 11 avril (2005!) et il y a tellement encore a voir ici... ;)

Je vous serre tous dans mes bras en même temps et je vous embrasse!

Karina

De : Rémy
Envoyé : 25 février 2005 12:44:28
Objet : Une tasse de thé?

Salut tout l'monde!

Je prends quelques minutes pour vous écrire alors que nous sommes sur le point de prendre le train pour nous diriger vers les hautes montagnes de Darjeeling et de Pedong pour une dizaine de jours de pur bonheur!

Petite montée de lait : je lisais dernièrement sur le site de Radio-Canada qu'un sondage révélait que 75 % des Canadiens sont en faveur du protocole de Kyoto, tant et aussi longtemps qu'ils n'ont pas à changer leurs habitudes de consommation, particulièrement en ce qui concerne l'auto. Surtout, pas question de se priver de l'auto! Autrement dit, « y faut que les autres fassent quelque chose, c'est urgent! » Quel non-sens! Quelle inconséquence! Tout le monde est d'accord pour dire que nous vivons dans une société de surconsommation, mais personne n'est prêt à simplement consommer au lieu de surconsommer. Nul à chier.

Petit chocolat au lait : le Canada refuse de participer au bouclier antimissile. Après s'être fait exploser des avions en pleine face, après avoir vu que la nouvelle guerre arrive beaucoup plus sournoisement qu'un gros missile qui traverserait l'océan, voila une excellente décision. Elle assure notre indépendance, contrairement à ce que dit l'ambassadeur américain et je cite : « Pour l'ambassadeur des États-Unis au Canada, Paul Cellucci, Ottawa renonce ainsi à sa souveraineté. Selon lui, si un missile se dirige vers le territoire canadien, ce sont les États-Unis qui devront décider ce qu'il faut faire dans les circonstances. » Quels ratoureux!

Au plaisir!!

rémy

Quelques jours à Pedong m'ont complètement réoxygéné. Ils m'ont aussi gelé les doigts, ce qui me donne bien de la difficulté à écrire. J'ajoute à cela mon incapacité à trouver une phrase géniale qui résumerait à elle seule ce qui habite mon cerveau.

Nos dernières constatations sur la liberté sont un peu désolantes. Nous sommes prisonniers de l'illusion de liberté que l'on nous vend. Peu importe mon attitude et mes choix de vie, le système économique en est heureux. Même les contestataires sont souhaitables pour l'accumulation des richesses. Rien ne se perd, rien ne se crée. En aucun cas, je ne peux m'extirper du système. Je peux vivre dans ses zones limitrophes, mais d'une façon ou d'une autre, je serai profitable. Non pas fructueux. Profitable. Comptabilisable.

D'une part, mon retrait en périphérie du système laisserait le champ libre à ceux qui veulent l'étendre davantage. D'autre part, mon implication à combattre ce système leur donnerait l'occasion de s'armer, de répandre leur propagande et de dépenser davantage, chose que j'aurais moi-même à faire pour publiciser, passer mon point de vue. Ce serait donc un double gain pour l'économie.

« *Winners don't do different thing. They do things differently*[84] », peut-on lire un peu partout en Inde. Évidemment, la définition de *winners* est « personne ayant réussi économiquement ». Mais qu'en est-il de la possibilité de faire les choses autrement? Cette possibilité existe-t-elle vraiment? J'en doute. J'ai l'impression que tout est calculé et que si,

---

84 « Les gagnants ne font pas des choses différentes. Ils font les choses différemment. »

vraiment, un individu, un village, une tribu ou un pays réussissait à s'affranchir du système économique, l'armée débarquerait. On rase tout, on met un peu d'*after shave* et on organise une fête lucrative en mémoire de ceux qui ont perdu leur vie.

Faque… J'm'en va m'construire un *shak* dans l'bois? La forêt a été vendue. Elle appartient légalement à une personne civile. Que lui dire? « J'ai pissé sur trois quatre arbres, c'est mon territoire »? Non. Je devrai payer. Du papier. Un arbre transformé. Un arbre qui avait à mes yeux beaucoup plus de valeur que le nombre de zéro qu'on y a imprimés. Je suis tanné de l'argent, de l'appât du gain et de la soif de pouvoir. Et je suis désarmé devant le fait que mon « tannage » puisse faire l'affaire de ceux qui vivent pour l'argent, le gain et le pouvoir. Pour eux, c'est la traite des fourrures qui continue.

Ça fait longtemps qu'ils ont compris l'importance de la récupération. Tout est récupérable. La religion, la politique, la souffrance, la sexualité, le sport, le bio, le féminisme, la démocratie. Même la simplicité volontaire et le commerce équitable, deux mouvements censés combattre le système, sont maintenant considérés comme « tendance » par les publicitaires. Tant et tant d'organismes et de courants spirituels ou politiques ont été fondés dans le but de nous libérer de l'esclavage économique et des abus de pouvoir et ont finalement sombré dans le rouge.

Mon impossible rêve : être une fois pour toutes libéré de tout système d'assujettissement. Une prise de conscience individuelle de la simple complexité de la vie en collectivité. Une prise de conscience collective de la complexe simplicité de chaque individu. Je voudrais aussi interdire les multinationales. Je restreindrais ainsi la libre économie? Le libre-échange des biens? Les lois du commerces me l'interdiraient. Mais eux, que font-ils de notre liberté? Ils nous l'achètent, ils nous la vendent, ils nous exploitent, nous *brainwashent* et nous manipulent. Et nous devrions les laisser libres? Non, môssieur. Fini.

Je me reprends à rêver d'un monde sans argent, sans profit, où chacun travaillerait selon sa vocation, son plaisir. Où chacun trouverait sa satisfaction dans son épanouissement et dans celui des autres plutôt que dans son chèque. Je suis certain que nous ne manquerions de rien. Nous aurions les meilleurs médecins, les meilleurs professeurs, les meilleurs machinistes, les meilleurs ébénistes, les meilleurs pasteurs, etc. Un peu comme dans la nature, un équilibre se créerait. Un peu comme si on était naturels. Bien sûr, il y aurait des pogneux de beigne qui profiteraient du « système ». Il y a toujours des parasites. Mais, j'en suis convaincu, il n'y en aurait pas trop. En fait, il y en aurait probablement moins que maintenant! Ou alors, nous le serions tous, chacun notre tour, selon nos hivers. Il nous arrive tous des moments où il nous faut mourir pour mieux revivre.

Bouchée d'esprit qui reste
pognée dans gorge
« *What is life without luxury*[85]*? »*
(Une pub idiote dans une revue idiote.)

Choc∗culturel

Devant moi, le profil d'une montagne dissimulée dans la brume me rappelle que je suis moi-même assis sur un des sommets de l'Himalaya.

Tout autour de moi, des yeux bridés me rappellent le nouveau visage de l'Inde que je découvre ici. Soudainement, on se croirait au Népal. D'ailleurs, il y a eu tellement d'immigration dans la région que la langue officielle est le népalais.

À mes pieds, un terrain de soccer me rappelle que je suis en Inde. Même si je prenais une photo, je ne réussirais pas à rendre l'atmosphère qui y règne. Il y a présentement entre 150 et 200 jeunes qui se partagent le terrain dans une cacophonie joyeuse, suivant le rythme d'une des treize parties de cricket ayant lieu simultanément avec une partie de soccer. Je ne sais pas comment ils font pour savoir qui joue avec qui. Les parties s'entrecroisent et s'entremêlent sans que jamais personne ne viennent dire « Aye! Ça c'est not' terrain » ou « Aye! Nous autres, on était là avant. »

---

85 « Qu'est-ce que la vie sans luxe? »

Spiritualité

Pour la première fois depuis une semaine, le soleil nous réchauffe. Je suis bien, je suis heureux, je suis bienheureux. Petit état de béatification. Nous sommes assis sur le bord d'une route déserte, bercés par le chant des vaches et autres petits insectes. Hier soir, nous avons découvert la prière bouddhiste, avec les moines bhoutanais. Les sons graves et rythmés de leur prière psalmodiée mécaniquement avait un effet impressionnant sur ma personne. À certains moments, j'ai moi-même marmonné doucement avec une voix grave comme la leur, parfois en français, parfois sans langue précise, dans le but de m'imprégner davantage de cette ambiance à la fois mystique et très enracinante.

En fermant les yeux, je sentais mon troisième œil s'ouvrir avec ampleur, au point de « m'envelopper ». Je me souviens aussi d'une impression d'ouverture de la mémoire et d'images de couples heureux venant d'autres époques. En particulier, un jeune couple dans la campagne vallonnée européenne du XVIIIᵉ siècle, qui m'a laissé une grande impression de bonheur. Ça n'a duré que quelques secondes, car je ne cherchais pas à les retenir. En fait, j'écoutais plus que je ne regardais.

Lorsque j'ouvrais les yeux, je constatais que ces chants n'avaient pas du tout le même effet sur les jeunes moines[86]. Ils s'endormaient, ramassaient des cochonneries, chuchotaient, regardaient partout, s'ennuyaient. Pour eux, c'était le quotidien plate d'une longue litanie de mantras. Nous idéalisons facilement la prière de l'Orient. Mais les moines bouddhistes, hindous et autres sont aussi humains que les nôtres. Nous projetons sur eux un idéal de pureté désincarnée, une illusion

---

86   Une cinquantaine de jeunes moines âgées de 5 à 20 ans. Les moines plus vieux priaient ailleurs.

soulageante de paradis terrestre. Nous oublions que « là où il y a de l'homme, il y a de l'hommerie » (Montaigne) et que nos défauts font partie de notre beauté. Nous oublions constamment qu'un cèdre ne grandit pas comme une tête de violon, mais que tous deux s'étirent vers le soleil.

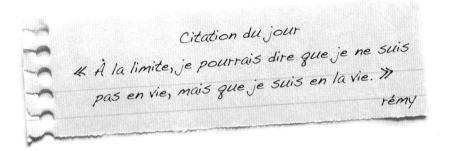

Citation du jour

« À la limite, je pourrais dire que je ne suis pas en vie, mais que je suis en la vie. »

rémy

Bouchée d'esprit
(qui ne passe vraiment pas)
« *If you can't convert, then confuse*[87]. »
Jeune séminariste répétant
fièrement ce qu'il avait appris.

Spiritualité

Dans un moment de prière qui faisait suite à une conversation environnementale et spirituelle avec l'évêque de Darjeeling, j'ai versé quelques larmes de désarroi. Tout d'abord, devant le renouvellement perpétuel et inlassable de notre bêtise humaine à l'égard de notre planète. Puis, devant ma réticence à vouloir répandre le christianisme. Alors que l'évêque se réjouissait en me disant qu'il y avait près de 200 000 personnes converties au catholicisme dans un pays où l'Église était interdite, ma réaction intérieure ressemblait à peu près à : « Ouais… Pis? »

Décidément, le but de ma vie n'est pas de répandre Rome. Mais en cela, je me demande sincèrement : « Suis-je à côté de la *track*? M'égare-je? » Ce détachement face à l'Église catholique romaine me désempare. Et devant toutes ces craintes et multiples questions, voici les réponses qui ont émergé de moi et de ma prière.

Le mot « conversion » a été perverti avec les années. Je n'ai aucune envie de « convertir à ». Par contre, je trouve dans le mot « libération » une réponse à un grand besoin de notre humanité. Que ce soit au niveau social, commercial, psychologique ou autres, nous nous construisons et nous nous imposons un grand nombre de prisons. Des blessures de l'enfance, des traditions, des religions, des frontières et des

---

87 « Si tu ne peux convertir, sème la confusion. »

pressions sociales deviennent tour à tour des cages. Ainsi, je ne me sens pas appelé à convertir, mais à accompagner vers la libération. Non pas libérer, mais susciter chez les gens un désir d'épanouissement qui les guidera vers la libération. Et en cela, je me reconnais disciple de Jésus Christ.

Que les gens se convertissent aux christianismes, je m'en fous[88]. Mais qu'ils goûtent le bonheur d'une profonde libération au point de devenir à leur tour libérateurs, voilà qui ferait ma joie. Voilà le fruit que je voudrais porter. À quelques reprises, les Évangiles font appel à des paraboles sur la libération d'une dette pour parler du pardon. Qui sera le plus heureux? Celui à qui on remet une dette de 50 $ ou celui à qui on remet une dette de 50 000? Et celui qui se voit déchargé d'une dette immense, ne devrait-il pas être clément envers celui qui lui doit de l'argent? Ainsi, celui qui se voit libéré est appelé à devenir à son tour agent de libération, et cette dernière, dans tous les cas, provoque une joie proportionnelle au poids qui nous écrasait.

En fait, c'est assurément un des sommets du bonheur humain. Les publicistes le savent bien et exploitent au maximum ce désir de « libération pour un plus grand bonheur ». On nous libère de la routine avec une bière ou une jeep, nous décharge des efforts ménagers par un produit (hyperchimique) qui fait le travail à notre place, nous délivre de notre solitude en nous donnant les moyens de séduire, etc. Personnellement, j'aimerais bien être affranchi de cette overdose de pubs où tout est soigneusement calculé pour nous créer des besoins et nous libérer de nos économies!

---

88   Le lecteur consciencieux se demandera : « Aux christianismes… N'y a-t-il ici une faute d'orthographe? Ou alors l'auteur a-t-il intentionnellement souligné la diversité chrétienne en se permettant cette fantaisie scripturaire? » Sachez donc, cher lecteur consciencieux, que les plus grands coups de génie de l'histoire sont souvent le résultat d'une erreur.

Paradoxalement, un autre sommet du bonheur se trouve dans l'engagement. Je réalisais dernièrement que le moment où j'ai demandé Karine en mariage est un des meilleurs souvenirs de ma vie. Un instant de grand bonheur. C'était parce que cet engagement correspondait à quelque chose de profond en moi. Ainsi, d'accepter volontairement de perdre une partie de ma liberté en m'engageant à nourrir l'amour entre Karine et moi tous les jours de ma vie n'était pas un poids écrasant. Karine est ma croix, mon fardeau léger, et notre mariage, source d'un grand bonheur.

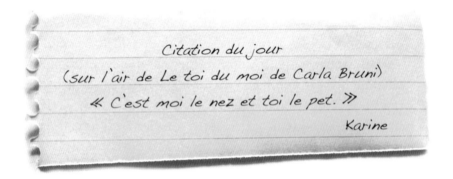

Citation du jour
(sur l'air de Le toi du moi de Carla Bruni)
« C'est moi le nez et toi le pet. »
Karine

Spiritualité

La mission chrétienne selon Rémy : tout (bien prononcer le t final, ça fait plus complet. Donc…). La mission chrétienne : tout sauf « convertir à ». Devenir un éveilleur de conscience, de désir de justice, d'égalité, de libération, d'implication, d'épanouissement, de prière, etc. Lancer un appel à la conversion sans « convertir à ».

Dans l'Évangile de Luc, les soldats romains sont appelés à la conversion par Jean-Baptiste : « Ne molestez personne, ne dénoncez pas faussement et contentez-vous de votre solde. » Non pas « Devenez juifs ou sympathisants ou prosélytes ».

Au Gérasénien guéri, Jésus ne dit pas : « Va et convertis les gens de ton pays pour qu'ils soient mes disciples. » Il lui dit plutôt : « Retourne chez toi et raconte tout ce que Dieu a fait pour toi. »

Dans l'Évangile de Matthieu, « Vous êtes la lumière du monde » est prononcé devant une foule. Il y avait là fort probablement des gens de toutes classes, races et religions. Tous sont appelés à devenir lumière du monde. Non pas une lumière pour cinquante personnes, mais cinquante lumières pour cinquante personnes. Non pas un chrétien pour cinquante hindous, mais cinquante-et-une consciences conscientes. Conscientes de quoi? Pfffffffffffffffffffff…

Conscientes que si la violence et la souffrance sont intrinsèques à la vie, ce n'est pas une raison pour en rajouter. Que nous ne naissons pas tous égaux, mais que, pour tous, le réel bonheur se trouve dans la libération de ce qui nous enchaîne et dans l'engagement qui nous pousse au don de soi. Que de mourir à nous-même est à la fois hyper chiant et plus que nécessaire. Que nous sommes tous des joyaux, mais qu'aucun d'entre nous n'est le nombril du monde.

Conscientes que l'argent est une drogue dure : plus on en a, plus on en veut et à tout moment peut surgir la peur d'être en manque. Que la soif de pouvoir, quoique hautement cancérigène, est profondément enracinée dans l'humanité et que chacun doit s'en servir pour se dominer soi-même. Que chaque gain comporte une perte et que chaque perte engendre un gain. Que cette liste pourrait ne jamais se terminer et que, pourtant, même elle aura une fin.

Conscientes que le monde est en perpétuelle révolution et que tout est un éternel recommencement. Que l'être humain est au service de l'humanité et non pas l'humanité au service de quelques êtres humains. Que l'amour et le don de soi sont les réponses les plus quétaines possibles aux maux de notre société, mais qu'ils sont finalement les seules réponses valables. Qu'il y a beaucoup, beaucoup d'appelés et que nous sommes tous des élus. Que nous désirons tous la même chose, mais que nous ne serons jamais d'accord.

Conscientes que les riches (dont je fais partie) ont tout à gagner à en perdre un peu. Que de réaliser l'existence des injustices ne change pas la réalité. Que les pays pauvres n'ont pas besoin de notre éducation et de notre système de valeurs, mais tout simplement qu'on arrête de les fourrer de tous bords tous côtés et qu'on leur rende leur dignité. Que la fiente de moineau n'a pas plus de valeur si elle tombe sur un lingot d'or et que, puisque nous avons tous un anus, certains devraient s'en servir plus souvent pour soulager leurs frustrations, plutôt que de régurgiter sur ce qui les entoure. Comme moi, par exemple.

Voilà la mission chrétienne.

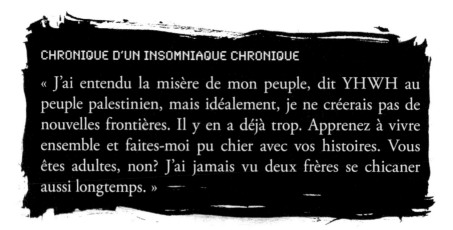

CHRONIQUE D'UN INSOMNIAQUE CHRONIQUE

« J'ai entendu la misère de mon peuple, dit YHWH au peuple palestinien, mais idéalement, je ne créerais pas de nouvelles frontières. Il y en a déjà trop. Apprenez à vivre ensemble et faites-moi pu chier avec vos histoires. Vous êtes adultes, non? J'ai jamais vu deux frères se chicaner aussi longtemps. »

Choc*culturel

Pour quelques jours encore, nous sommes dans les montagnes, mais cette fois à Gangtok, capitale du Sikkim, état du nord-est de l'Inde. Au petit matin, la première chose que nous voyons par la fenêtre de notre hôtel, c'est le sommet enneigé de la deuxième plus haute montagne du monde, avec un nom beaucoup moins simple à retenir que l'Everest. Jugez-en par vous-même : Kangchenjunga.

Nous constatons que les gens de la place se servent beaucoup de leur tête. Avec un bandeau sur le front, ils transportent tout ce qui est transportable, et même ce qui ne l'est pas. Vous connaissez tous les chaises de patio en plastique, empilables les unes dans les autres. Imaginez-en une pile de vingt-cinq. C'est haut vingt-cinq chaises! Passez une corde sous la dernière, accrochez la corde sur le front d'un gars, mettez le gars dans une côte de ville de montagne et faites-le marcher! Et l'homme que vous imaginez, ne le dessinez pas trop grand. Les gens d'ici sont d'origine népalaise et, par conséquent, relativement petits.

Variante : remplacez les chaises par douze « 2 par 4 » de huit pieds de long!

L'humanité est une. Avec le tsunami, on en a eu un bel exemple. Nous avons eu droit à un élan de solidarité venant des quatre coins de la planète, comparable à ce qui se passerait dans mon corps si je me cassais un pied; mes mains, mes bras, mes yeux, tous mes membres s'élanceraient vers le blessé. Mais alors, comment expliquer l'exploitation et les abus sous toutes leurs formes si nous ne sommes qu'un seul corps? Tout simplement parce que, encore une fois, nous reproduisons à grande échelle ce que nous vivons à l'intérieur de nous-même.

Exemple : moi. Tant et aussi longtemps que le bonheur procuré par un abus demeure plus grand que sa douleur, je continue. Je sais très bien que les pesticides et la radiation n'ont pas une très grande valeur nutritive, mais j'en mange quand même. La panique ressentie par mon estomac, alors que j'avale un troisième pet de sœur, n'est pas assez grande pour supplanter le plaisir buccal. Même chose pour la petite *bidi*, cigarette indienne, que j'aime bien fumer à l'occasion, malgré le choc ressenti par mes poumons et mon cœur. Aucun mal de tête de lendemain de veille ne m'a empêché d'en boire une de trop. Je me réveille régulièrement avec un mal de dos depuis des années plutôt que de changer mes habitudes. Et je ravale régulièrement mes émotions si on me divertit efficacement.

Ainsi, mes petits bonheurs sont souvent vécus à mon propre détriment et je suis doté d'une immense capacité à fermer les yeux, à oublier, à minimiser. Si je faisais le tour de mes parents et amis, j'en connais plusieurs qui pourraient nourrir cet exposé de leur quotidien. Et tous ensemble, nous reproduisons à grande échelle ce que nous vivons à l'intérieur de notre corps. Que m'importe l'amertume du cueilleur de café si la saveur est douce à ma bouche? Que m'importe comment fut fabriqué tel jouet bon marché si mon enfant est heureux? Que m'importe les famines si je mange? Que m'importe les pertes d'emplois et les conditions de travail du 2/3 du monde, si mes profits me réjouissent? Que m'importe telle et telle dictature s'il n'y a pas de pétrole dans le pays?

« Moins on en sait, mieux c'est[89] », nous chante ironiquement Tomas Jensen. Quotidiennement, nous supportons ces souffrances dans notre corps parce que la jouissance vécue dans l'immédiat est suffisante. Mais assurément, tout comme c'est ainsi que se mijotent les crises de foie, crises cardiaques et autres cancers, c'est aussi de cette manière que se fomentent les révolutions, les guerres civiles et les 11 septembre. Un jour ou l'autre, ça nous rattrape et ça nous pète dans face. Malheureusement, comme nous sommes plutôt du genre *plaster*, analgésique et chimiothérapie que prévention, nous sommes aussi du style désinformation, bouc émissaire et répression.

---

89   Tomas Jensen, *Mundo*.

De : Rémy
Envoyé : 8 mars 2005 08:12:52
Objet : Varanasi : la Rome des hindous

Au milieu d'un chaos monumental dans lequel des milliers de piétons, vélos rickshaws, vélos, scooters, vaches et commerçants tourbillonnent dans toutes les directions, trois chiens dorment paisiblement sur le minuscule terre-plein. Voilà Varanasi à 19 h 30, après un après-midi aux rues désertées à cause de la chaleur. Alors que nous marchions dans la ville, j'étais littéralement plogué sur le 220! Malgré cela, j'étais tout de même serein, état qui me démontre bien que nos six mois et demi en Inde sont bien imprégnés dans ma personne.

Autre signe éloquent de mon inculturation : ma réaction alors qu'on apprenait qu'on avait « trainé » trois heures de trop. Résumé : à 7 h, on a demandé à un monsieur du train à quelle heure on arrivait à Varanasi, croyant y être vers 9 h, selon ce qu'on nous avait dit. « *Varanasi... you were suppose to get down at Varanasi? Go! Go! It was at 4 h 00 AM*[90]! » Dans mon cœur, aucune surprise. Avant de poser la question, j'en avais eu un calme pressentiment. Et c'est avec cette même sérénité que j'ai quitté le train, traversé toute la gare en courant, trouvé notre nouvelle embarcation, monté dans la section « poste avec bancs de bois » et me suis assis pour un quatre heures qui nous ramenait sur nos pas.

Et je me disais : « *By chance, we didn't got down at the good station*[91]! »

rémy

xxy

---

90   « Varanasi… Vous étiez censés descendre à Varanasi? Allez! Allez! C'était à quatre heures du matin! »

91   « Heureusement, nous n'avons pas descendu à la bonne station! »

Choc∗culturel

Varanasi, cinq heures du matin : assis dans une charrette tirée par un homme à vélo, nous avons parcouru les rues tranquilles de la ville pour nous rendre jusqu'au Gange. C'est LA rivière sacrée. Celle que l'on voit toujours en photo, avec les marches qui descendent dans l'eau et les centaines de personnes qui prennent leur bain. Alors que nous admirons la scène, un homme s'approche. « *Hello, Mister!* », me dit-il en me tendant la main. « *Hello* », lui réponds-je en faisant de même. Dès le moment où il me tient la main, il l'agrippe et commence à la masser en disant : « *A little hand massage? Very cheap*[92]… »

Après quelques minutes de négociations, je me retrouve allongé sur le ventre et sur une couverture sale pour un massage du dos. Mes yeux contemplent le lever du soleil sur le Gange, pendant que l'éléphant me piétine. La scène m'apparaît presque fictive et, chaque seconde, mon cerveau essaie de réaliser pleinement que je suis couché par terre dans les escaliers qui mènent au Gange et que, devant moi, quelques centaines d'Indiens cherchent Dieu dans la conversion. Une première moitié est immergée dans la rivière sacrée et se lave le corps, l'âme et les dents. Les autres flottent sur le Gange et se débattent comme des diables dans l'eau bénite pour attirer les touristes sur leur bateau. Ou encore, pour être plus précis, pour monter les touristes en bateau. Que ce soit le cœur ou le dollar, au Gange, tout se convertit.

« *I give good body massage, you give good money*[93] », entends-je soudainement. Heu… Attends minute… Un massage de dos pour 10 roupies qu'il m'avait dit, et voilà que maintenant,

---

92   « Un petit massage de main? Pas cher… »
93   « Je te donne un massage complet, tu me donnes une bonne somme d'argent. »

mes jambes sont en train de passer sous le rouleau compresseur. Car je suis loin du massage de détente! La méthode de mon masseur s'apparente plutôt à un pilon qui écrapoutit de petits fruits frais pour en sortir le maximum de jus. Or, soudainement, le petit fruit, c'est mon portefeuille! Quand ils tiennent un touriste, ils essaient toujours d'en extraire le maximum en le mettant devant les faits accomplis. Toujours est-il que, deux secondes plus tard, je suis assis, donnant 10 roupies, remerciant le ti-monsieur pour sa générosité et le voilà parti, bien évidemment frustré de n'avoir pu obtenir que ce qu'il avait demandé.

Citation du jour

« Je suis tanné de toujours lutter pour ne pas me faire fourrer de quelques roupies et simultanément dégoûté de savoir qu'en retournant chez nous, je vais continuer de me faire fourrer, mais obligatoirement et légalement cette fois. » rémy

Choc∗culturel

Quelle fête familiale! La meilleure *ride* de train de toute ma vie. Vingt-et-un Punjabis qui voyagent ensemble et nous invitent à partager leur repas et leurs chants. Des gens enthousiastes et chaleureux, mais non envahissants. Pour eux, j'ai chanté du Jacques Brel de tout mon cœur!

Par contre, au matin, une expérience tout à fait différente nous attendait. À peine réveillé, un homme me dit : « *Agra! Taj Mahal! Taj Mahal!* », en me pointant la fenêtre. Je descends de mon lit et je jette un coup d'oeil. Effectivement, au loin, le Taj Mahal se devine. « *Five minutes, it will be more clear! Five minutes*[94]. » « Karine! Viens voir! Le Taj Mahal! » Mon amour se réveille et, les yeux encore plein de sommeil, elle se pointe à la fenêtre pour admirer l'une des sept merveilles du monde.

Me souvenant que Karine m'avait dit, la veille, de ne pas marcher avec ses bas propres (qu'elle m'avait gentiment passés pour la nuit), je grimpe à mon lit pour chercher mes sandales. Surprise : l'homme qui m'avait montré le Taj Mahal y est couché. Afin de lui faire plus de place, je prends donc non seulement mes sandales, mais aussi mon sac à dos, mon paréo, ma serviette et le chandail de laine bleue de Karine. À noter que ces trois derniers items étaient en boule dans le creux de ses jambes.

À noter aussi que, jusqu'ici, en Inde, rien d'anormal. Des Indiens fiers du Taj Mahal, il y en a probablement un milliard. Des Indiens qui se couchent dans n'importe quel lit libre, il y en a probablement quelques centaines de millions. Mais un gars qui débarque du lit deux secondes après que vous lui ayez fait plus de place et qui s'éclipse avec son complice, que

---

94 « Dans cinq minutes, il va être plus visible! Cinq minutes. »

vous remarquez soudainement comme ayant toujours fait discrètement partie du décor, ça, ce n'est pas normal. Ça, c'est la subtilité indienne.

Petit à petit, on réalise qu'on a été chanceux, que la marde nous colle au cul, qu'on est bénis des dieux et que nos anges gardiens n'ont pas les doigts dans le nez. Ces deux gentils guides touristiques n'avaient qu'une envie, et la technique doit être éprouvée : subjuguer pour subtiliser. Pendant que vous prenez cinq minutes de plaisir, rivé à la fenêtre pour contempler le joyau de l'Inde, ils en profitent pour s'emparer de vos trésors.

CHRONIQUE D'UN ADMIRATEUR CHRONIQUE

Un Indien peu scrupuleux engueulait vertement un de ses compatriotes, parce que ce dernier l'avait empêché de nous arnaquer. C'est à ce moment de haute injustice que, devant mes yeux émerveillés, Super Karine est apparue.

Super K : « *Can you blame someone for being honest[95]?* »

Le peu scrupuleux : justifications de toutes sortes dans un flot incessant de paroles.

Super K : (ferme) « *Can you blame someone for being honest?* »

Le peu scrupuleux : gesticulations et re-justifications interminables.

Super K : (incisive et sans retour)
« *CAN YOU BLAME SOMEONE FOR BEING HONEST?* »

Le peu scrupuleux : « ... *no...* », finit-il par répondre, minusculement.

---

95 Peux-tu blâmer quelqu'un d'être honnête?

De : Karine
Envoyé : 3 avril 2005 10:36:14
Objet : Je cuis

Je cuis au bord du désert!

On est dans l'État du Rajasthan. Semi-désert. Nous étions sup-posés aller en plein cœur du désert, mais la chaleur nous aurait tués! Alors, ici on survit, dans la ville de PUSHKAR. Ville sainte pour les hindous avec de nombreux festivals hauts en couleur et une vache à tous les mètres carrés! PUSHKAR, c'est aussi le paradis du *shopping*. Châles, sacoches, bijoux, vêtements excen-triques, pierres précieuses, coussins et couvre-lits... Je ne sais plus où donner de la tête et Rémy est un peu découragé de me voir dépenser autant!!! (C'est lui qui est responsable du budget!) J'ai décidé de me lâcher lousse et de mettre de côté la simplicité volontaire pour quelques jours!

L'Inde achève. Dans une semaine et un jour, on prend l'avion. Ici, en Inde, les choses sont tellement simples quand tu connais un peu le tempérament indien. Chaque fois que nous avons eu besoin d'aide, il y avait 2 à 5 Indiens pour nous aider (J'exagère pas!). On a reçu des milliers de « *namaste* » (« bonjour » en Inde), des milliers de sourires gratuits, des tas de conversations spontanées avec des inconnus, plein de coups de main sans qu'on les demande...

En Europe, il va falloir travailler fort pour créer le même genre de contacts! Je sais que je vais beaucoup aimer voyager en Europe, mais en même temps, c'est un autre gros coup à donner, une autre adaptation à faire... Alors, ça décourage un peu. C'est un nouveau projet qui prend forme... Je dois m'abandonner à la Providence!

Karine

P.-S. : Ayez une petite prière pour le pape Jean-Paul II qui se meurt, mais aussi pour son successeur, qu'il soit pur de cœur!

Choc∗culturel

Hier soir, à Pushkar, je me suis surpassé. Au moment de mettre les bagages dans la soute de l'autobus qui doit nous mener à New Delhi, voilà qu'on essaie de nous arnaquer de 10 roupies par sac. Ce n'est pas grand-chose, 10 roupies. Mais des frais cachés et des profiteurs qui s'inventent un travail du genre « je prends les sacs, je les mets dans la soute, je me fais 300 roupies en 10 minutes et si t'es pas content, tu gardes ton sac dans l'autobus », il y en a trop. À Pushkar, particulièrement.

Considérant que le propriétaire du bus nous avait dit lui-même « *No problem, trust me, it's my bus*[96] » et qu'il n'avait jamais été question de frais pour les bagages, j'ai retrouvé le dit monsieur et devant ses 6 pieds 5 pouces, 230 livres, je me suis tenu debout. J'avais le cœur qui battait la chamade, mais, au bout de cinq minutes (qui m'en ont paru quinze), mes sacs étaient dans la soute à ses frais. « *Ok, ok, I will pay for you*[97] », m'a-t-il dit avant de partir sans donner un sou au jeune parasite qui doit coller le cul de tous les autobus en soutirant un dernier 10 roupies à tous les touristes qui quittent la place.

Pour lui, c'était le quotidien. Les Indiens se fourrent et s'engueulent tout le temps. Un incident banal. Trente secondes après, il n'y pensait plus. Les Indiens ne reviennent pas souvent sur leur vie. Mais pour moi, petit Occidental qui, il n'y a pas si longtemps, aurait fermé sa gueule et rongé son frein, c'était un événement. Couché dans ma cabine, un grand sourire étampé dans la face, j'étais terriblement fier de ne pas m'être fait fourrer d'une piastre et trente cennes.

---

96 « Pas de problème, faites-moi confiance : c'est mon autobus. »
97 « OK, OK, je vais payer pour toi. »

Rêve*zzz...*

Dans le temps des fêtes, je prépare une réception avec les membres de ma famille. À un certain moment, je décide de prendre une pause et de m'allonger un peu, question de pouvoir mieux fêter plus tard. Je suis vraiment crevé. Une fois couché, je m'endors presque automatiquement, en voyant les gens quitter la pièce discrètement, pour ne pas me déranger.

Tout de suite après, un étranger entre en pestant contre tout ce qui existe, me regarde et se tire une balle dans la tête. J'en ai conscience, mais je dors en priant Dieu de bénir mon sommeil. Cette prière « me répond » que je ne peux dormir en paix avec quelqu'un qui agonise à mes côtés. Partagé, j'entrouvre les yeux, les referme. C'est comme si un sort m'était jeté et qu'une chape de sommeil m'enveloppait. Je lutte pour me réveiller, mais j'en suis totalement incapable. Entre-temps, le suicidé essaye de râler une couple de mots.

Finalement, il se relève et marche vers moi, un peu comme un zombie, le visage dégoulinant et les bras tendus. Je suis maintenant couché sur le côté et, alors qu'il m'arrive dans le dos, je suis pris de panique et je commence à crier. Il me saisit le bras. Je suis sur le bord de fesser dessus à gros coups de poing quand j'entends « *Mi amor! Mi amor!* » et ma voix qui crie comme une perdue : « AAAAAAAAAAAAAAHH! »

J'ai compris juste à temps que c'était Karine qui me tenait le bras : j'avais les poings fermés et j'ai failli la frapper. Après quelques secondes, encore terrifié, j'ai réalisé qu'on était couchés dans une cabine d'autobus *sleeper*, sur la route de Pushkar à Delhi, et que je venais sûrement de réveiller la moitié de l'autobus avec mon hurlement. L'adrénaline à fond, je n'ai pas pu me rendormir avant l'arrivée.

Choc∗culturel

Il y a aussi des femmes au visage totalement voilé chez les hindous intégristes. Tout ça parce que des hommes ne peuvent regarder une femme sans bander. À tous ces extrémistes, j'ai une proposition à faire : plutôt que de forcer les femmes à se couvrir de la tête aux pieds, ne laissant voir que leurs yeux, je vous propose d'inverser les rôles et les costumes. Lorsque vous sortez de chez vous, bandez-vous les yeux, afin d'être sûrs de ne jamais désirer une autre femme que la vôtre et réservez votre regard pour la femme que vous avez choisie. N'est-ce pas là hautement spirituel?

CHRONIQUE D'UN INSOMNIAQUE CHRONIQUE

Si humanisation veut dire plus de respect dans la liberté et la diversité des relations humaines et dans la reconnaissance de l'égalité de tous, alors l'humanisation et le retour à la nature sont deux courants diamétralement opposés. Plus j'observe la nature, plus elle me parle de peur, de prédateurs, de domination. Cette dernière particularité me titille un peu plus. Par tous lieux et par tous temps, les animaux et les plantes sont en perpétuelle quête de suprématie. En Inde, avec les animaux sauvages (ou à tout le moins non domestiqués) qui traînent à tous les coins de rue, j'ai eu maintes fois l'occasion de remarquer qu'il y a toujours un plus petit qui devient le souffre-douleur ou le subalterne d'un gros tas de muscles.

Notre système monétaire a tout simplement déplacé des bras à la tête la concentration du pouvoir, mais c'est quand même la loi de la jungle. Chacun de mes acquis sociétaux, chacun de mes conforts furent « naturalisés » sur le dos d'un Indien d'ici ou d'ailleurs[98]. Ça me dégoûte, me révolte et m'écrase. Malgré toute l'intensité de mon existence, malgré la prière et l'amour, malgré tous les agréments, la vie m'apparaît encore, parfois, hautement ridicule. Futiles et inutiles, tous les combats pour faire passer de l'oppression à la démocratisation? Sans un peu d'humour, absolument. J'ai à la fois envie de pleurer et de tout balancer, mais ne me sens capable ni de l'un ni de l'autre. La chaleur du désert a complètement tari la source de mes larmes et je ne sais pas si « tout balancer » veut dire « mettre en balance » ou « mettre en catapulte ».

Choc∗culturel

Nous venons de vivre l'une de nos pires journées en Inde au cours de la visite d'Agra, la ville où tout le monde a l'honnêteté de vous dire que tout le monde veut vous fourrer et où chacun commence à vous mentir alors qu'il ajoute : « Sauf moi. »

J'ajoute aussi, pour le souvenir : une journée à Agra, c'est une journée à 2 ou 3 000 roupies pour aller faire le tour d'un Taj Mahal somptueux, mais beaucoup moins beau que certains temples bouddhistes visités à Darjeeling ou Varanasi.

---

98   Le lecteur occidental se demandera : « D'ici ou d'ailleurs » désignait-il les Indiens de l'Inde et ceux d'ailleurs ou si l'auteur se sentait chez lui et parlait des Indiens d'Amérique, tout aussi exploités, et de ceux d'ailleurs. Sachez donc, cher lecteur occidental, que vous avez raison.

De plus, comme on a fini de visiter le Taj en vingt minutes, on perd notre temps à le regarder, assis dans le gazon, pour essayer d'avoir l'impression de rentabiliser les 750 roupies par personne que nous a coûté notre entrée[99].

Malheureusement pour moi, la forte impression de m'être fait arnaquer et le climat de harcèlement perpétuel du touriste qui règne en dehors de l'enceinte du Taj, sont venus pourrir de l'intérieur tout effort d'appréciation.

Avoir autorité en la matière, je lancerais un appel au boycottage du Taj Mahal par tous les étrangers, et ce, jusqu'à ce que les Agratiens et les responsables de ce site historique réalisent qu'à force de crosser tout le monde, ils ont attrapé une espèce d'herpès de l'âme qui les rend tout à fait dégueulasses.

Essentielle errance…

Dernièrement, j'avais écrit : « Je suis tanné de toujours lutter pour ne pas me faire fourrer de quelques roupies et, simultanément, dégoûté de savoir qu'en retournant chez nous, je vais continuer de me faire fourrer, mais obligatoirement et légalement cette fois. » Jamais je n'aurais cru que cela arriverait aussi rapidement.

11 avril 2005, aéroport de Delhi. Au comptoir de KLM, lors de l'enregistrement des bagages, j'apprends qu'il nous faut payer 30 $ US de frais d'administration pour notre changement de date de vol, même si ce changement était expressément gratuit. Personne au grand jamais ne nous avait parlé de frais. Ce n'était écrit nulle part sur mon billet. Et là, on m'annonce que si je ne paye pas, je n'ai pas ma carte d'embarquement.

---

99 750 roupies, c'est 25 $ US. Un Indien paie 15 roupies pour visiter le Taj Mahal. Je veux bien payer deux ou trois fois plus cher, mais 50 fois plus cher! À titre de comparaison, le Louvre, à Paris, coûte moins de 10 $ US et, après un journée de marche, on est saturés sans avoir tout vu!

C'est en me tenant gentiment par les couilles qu'on me dévoile légalement les frais cachés de KLM sur une transaction « gratuite », comme si je ne les avais pas déjà payés dans le prix de mon billet d'avion. Et là, pas de patron devant qui se tenir debout. Que des petits employés, savamment incompétents, qui ne peuvent rien faire d'autre qu'obéir à ce qui est écrit sur leur écran. La veille, j'argumentais pour sauver 30 cennes sur un trajet de *rickshaw*, et là, je ne pouvais que sortir ma carte de crédit. J'étais tout à l'envers, et cet état était irréversible.

Tout au long du vol, la gentillesse de toutes les hôtesses de l'air n'a jamais réussi à m'arracher un seul sourire. J'ai eu envie de leur piquer serviettes et oreillers pour avoir ainsi l'impression de payer pour quelque chose. J'ai aussi eu envie de décrocher pour de bon, de partir à rire en voyant toute cette avidité et cette recherche du moindre profit et de les remercier de me soulager de ce cancer. Car l'argent est cancérigène, le saviez-vous?

Malheureusement, je n'ai fait ni l'un ni l'autre. Tout ce que j'ai réussi à faire, c'est courir trois fois aux toilettes afin d'y évacuer le surplus d'épices de mon dernier repas indien, tout en essayant de me répéter avec conviction : « Comme de l'eau! »

De : Rémy
Envoyé : 12 avril 2005 19:23:10
Objet : Dans le port...

... d'Amsterdam!

Nous voici aux Pays-Bas. Karine est littéralement charmée par tout ce qu'elle voit ici alors que mon moral est à la hauteur de mes fluctuations intestinales.

Nous sommes ici accueillis par un couple de retraités hollandais tout à fait charmant que nous aurons peut-être la chance d'accueillir à notre tour dès octobre 2005!

Lors de notre première journée ici, nous avons fait un petit tour de vélo avec Peter, à l'image de toute une population, reconnue pour utiliser plus souvent la bicyclette que la voiture. Deux heures pendant, nous avons pédaler tranquillement en nous laissant enchanter par le paysage, les oiseaux et les bonnes odeurs de l'air frais et froid. (À noter qu'en 24 heures, nous sommes passés de 40 à 10 degrés Celsius!)

Au plaisir!

rémy

xxy

L'émotion qui m'habite présentement est difficile à cerner. Subtil mélange de joie et de tristesse, de peur et de confiance. J'ai le cœur qui bat la chamade, les narines qui s'assèchent et un flot d'adrénaline qui me monte au cerveau. Tout cela parce que je voulais commencer ce paragraphe en écrivant : « Et voilà : c'est fini. »

L'Inde est derrière nous, et les Pays-Bas sous nos pieds. Un nouveau commencement nous attend. Au cours de cette journée fort agréable passée à visiter différents villages paisibles avec nos hôtes, j'avais perpétuellement l'impression de marcher dans quelque chose de fragile, sur le point de s'écrouler.

En comparaison, l'Inde est une ruche de guêpes qui bizz-bizzent de partout. Toutes les belles règles de savoir-vivre s'écroulent devant ce rouleau compresseur d'un milliard d'âmes. Tous nos « Aye! Mais ça se fait pas en public une affaire de même » disparaissent : se fouiller dans le nez, pisser en pleine rue, cracher partout, taper un enfant, etc. Avec toutes ces joyeuses caractéristiques et leur chaos, les Indiens représentent une des prochaines puissances mondiales. Ça risque de brasser quelques rigueurs occidentales.

Mais nous n'avons pas besoin des pays émergents pour perdre ce que nous avions construit. Nous nous débrouillons très bien tout seuls. Nos anciens se sont battus pour obtenir des semaines de travail raisonnables et l'éducation pour tous. Résultat : c'est maintenant volontairement que mes congénères font des semaines de fous, ne voient pas leurs enfants grandir, enfants qui décrochent de l'école de plus en plus tôt pour essayer d'aller travailler à quatorze ou quinze ans.

Ceux qui nous ont précédés se sont battus pour séparer religion et politique et pour assurer la liberté de religion. Résultat : les intégristes se servent de la liberté accordée par la Constitution pour s'installer et revendiquer leur droit d'exister; la Bible, le Coran et autres livres de même valeur deviennent des arguments de pressions politiques; les politiciens eux-mêmes font et refont de plus en plus allusion à leur religion pour aller chercher des votes aveugles.

S'extirper de la bêtise humaine demande un effort trop grand pour être maintenu sur plus de deux générations. Le naturel revient toujours au galop et, si je veux mettre le pied à l'étrier politique, il faudra que j'apprenne à dompter des chevaux sauvages. Quand j'y pense, je me sens comme un de ces personnages de film d'action qui a devant lui des dizaines de fils de toutes sortes de couleurs et qui doit les débrancher dans le bon ordre s'il veut désamorcer la bombe qui va lui péter dans la face dans 5... 4... 3... 2... 1...

En ajoutant à cela la tension de plus en plus évidente, et très palpable aux Pays-Bas, entre Occidentaux et islamistes, j'ai l'impression que les prochaines années seront explosives. Nous avons les pieds sur des mines et quoiqu'on fasse, j'ai le pressentiment que nous allons nous faire ramasser de tous bords tous côtés. Nous avons craché en l'air pendant quelques années. Ce qui va nous retomber dessus sera donc vert et gluant. Heureusement pour nous, le vert est la couleur de l'espoir! -

Rêvezzzz

Une rivière, un pont, un dock en ciment. La rivière coule intensément. Elle est coupée, sillonnée par des ravins où l'eau tombe comme aux chutes du Niagara, pour ensuite remonter de l'autre côté! Il y a beaucoup de monde sur le dock et sur le pont. Karine et moi, nous sommes sur un radeau. Avant d'arriver au ravin sous le pont, nous sautons sur la berge, mais je réapparais sur le radeau. Je lis un journal. À cause de l'imminence du danger, les gens me crient de sauter. À la dernière minute, je le fais. Je nage, mais je suis légèrement emporté par le courant et je passe sous le pont.

Lorsque je me retrouve de l'autre côté, tout a changé. Les gens sont froids et robotisés. Je touche le fond de l'eau avec mes pieds : écœurant, plein de vase et d'algues. Je fais donc du « sur place » et demande à Karine (qui est sur le dock) de me lancer une corde. Elle va en chercher une, nonchalamment. Alors qu'elle disparaît, un homme surgit à mes côtés et vient me sauver, me dit-il. Je me dis que je ne dois pas réagir en paniquant, comme les noyés, sinon je risque de nous caler. Donc, je reste calme. Il me tire, en nageant vers l'autre rive. Il est grand, mince et bizarre.

Tout à coup, c'est comme si on était dans l'eau et pas dans l'eau. Il y a des gens qui ne sont que matériels. Ils ne sont que physiques. Pas de réflexion, pas de sentiments, pas de spiritualité. Deux d'entre eux m'apprennent qu'ils enculent des enfants de trois ans. Moi et Karine, qui est soudainement à mes côtés, nous trouvons ça dégueulasse. Mais eux, avec un air de Macro-Magnon, nous répondent : « Ben quoi… À partir de quel âge ça l'a un trou d'cul un bébé? » Je commence à donner des coups de poing dans le ventre d'un des gars. C'est mou. Je m'y enfonce et rebondis, un peu comme dans du Jell-O. Lui, il n'a pas mal. Au contraire, il est content parce que ma réaction est matérielle et physique.

Le grand mince réapparaît et essaie de me culpabiliser. C'est ma faute si je me suis retrouvé à l'eau avec mes sentiments et si je me sens mal devant tout cela. J'ai couru après. De mon côté, je sais très bien que j'ai eu un mélange de témérité et d'étourderie, voilà tout. Il essaie aussi de me convaincre qu'il m'a sauvé la vie, qu'il a plongé pour moi, que je lui dois ma vie. Il est avide de mon être. Mais moi, je sais que j'avais pied, qu'il ne m'a sauvé de rien du tout et que, somme toute, je suis heureux d'avoir mes sentiments et ma capacité de réflexion au milieu de son monde matérialiste.

Je me suis réveillé… mitigé.

Essentielle errance…

Mon estomac est imbibé d'acide, ce qui me donne un air gastrique. J'ai un répressible désir de tout crisser ça là. Politique, humanisme, prière, environnement. Comme le goût de dire : « Ah pis fuck! Débrouillez-vous sans moi! », comme si ça changeait vraiment quelque chose que je sois là ou non.

En quittant l'Inde, j'ai perdu quelque chose et je ne sais pas quoi. J'ai quitté quelque chose que je ne connais pas. Suis-je en train de décompresser des sept derniers mois ou de compresser pour les cinq prochains? Est-ce que l'Inde m'avait inséré dans un moule trop petit pour moi ou alors est-ce l'Occident qui tente de me récupérer dans un moule devenu trop petit? Ai-je trop grandi? Ai-je grandi? Je ne sais. Mais j'ai maigri en tout cas. Dix-sept livres.

Mon âme
s'en vient
tranquillement.
Comme toujours,
elle n'a pas pris
l'avion. Elle
préfère marcher.
Sans elle, j'ai
l'impression de
dériver, d'errer
à la recherche
de moi-même,
de ma terre.

Choc∗culturel

En douze jours aux Pays-Bas, nous avons vu deux araignées grosses comme ça : 🕷

Après avoir joyeusement cohabité sept mois avec toutes les bestioles du monde en Inde, j'ai l'impression d'être coupé de la nature dans ces beaux parcs trop propres.

Essentielle errance…

Tout me rentre dedans allègrement (encore une fois, bien prononcer le « t » à la fin de « tout ». C'est plus complet. Je disais donc…) Tout me rentre dedans allègrement. Je dirais que je suis de plus en plus sensible, tout en étant de plus en plus fort. Je dirais aussi que je suis sur le bord de tilter[100]. J'ai l'impression qu'une rage et une colère ravalées sont sur le point d'émerger.

Il y a quelques jours m'est arrivée une banalité. À une terrasse, je commande un thé. Après avoir bu, je demande un réchaud, comme on appelle chez nous. Une deuxième tasse d'eau chaude, parce qu'une poche de thé, c'est facilement bon pour deux ou trois tasses, et que, chez nous, on demande et on reçoit. Mais là, j'ai eu droit à un méprisant « *No sorry, we don't do that here*[101] », sur un air de « m'as-tu vu le préhistorique ». Cette petite contrariété avalée en souriant, j'ai immédiatement ressenti des brûlures d'estomac. J'ai tout aussi immédiatement constaté que les règles du savoir-vivre m'enchaînaient.

Je sais parfaitement que ma réaction aurait été démesurée si je l'avais laissée exploser, parce que je suis écœuré. Écœuré

---

100   Le verbe « tilter » se conjugue comme « aimer ». C'est un dérivé du tilt, qui apparaît lorsqu'on brasse trop une machine à boules. Conséquences : les lumières s'éteignent et les petites manettes ne fonctionnent plus. Impuissant, on voit sa boule descendre tranquillement et disparaître dans le trou.

101   « Désolé, nous ne faisons pas ça ici. »

de me forcer pour être civilisé dans une société où le capitalisme dirige discrètement, mais sauvagement, chacune de nos décisions. Écœuré de chercher un sens à une vie qu'il faut continuellement justifier. Écœuré de la loi du plus fort dissimulée sous une tonne de paperasse et de bonnes manières. Écœuré à l'idée que, moi aussi, je pourrais rendre les armes et m'acheter un condo, deux enfants et un bon chien qui ne laisse pas ses poils partout. Écœuré à l'idée de devenir pessimiste et défaitiste. Écœuré d'avoir le cœur au bord des lèvres.

CHRONIQUE D'UN INSOMNIAQUE CHRONIQUE

« *It's important not to have too many foxes, because they eat pheasant and deer* », me dit notre hôte.

— *Foxes eat deer?!?* » m'exclame-je. J'imagine un instant la petite bête se lancer au cou d'un cerf et le mordre sauvagement.

C'est alors que notre hôte m'explique ce que tout bon gars de bois doit déjà savoir : une biche met bas deux petits. Pendant qu'elle donne naissance au deuxième, le renard vient et bouffe le premier. (Haaa! C'est beau la nature!)

« *And the father?* », demande-je. Je me doute bien de la réponse.

— *He had some fun at the beginning and then flew away*[102]! »

« Le salaud! », serait-on tenté de dire. Mais non. C'est comme ça. Certains hommes éjaculent et se retirent. Et ainsi s'amorce une réflexion sur la paternité.

---

102   « C'est important de ne pas avoir trop de renards, car ils mangent les faisans et les chevreuils. — Les renards mangent des chevreuils?!? — Et le père? — Y'a eu son fun pis y s'est envolé! »

Citation du jour

« *Tu veux découvrir de nouvelles cavités de ton épouse?* » Lapsus auditif de mes oreilles alors que Karine me demandait plutôt : « *Tu veux découvrir de nouvelles qualités de ton épouse?* »

Essentielle errance…

Nous célébrons nos deux ans de mariage, mais il est difficile de faire quelque chose qui se démarque et de vraiment souligner l'événement. Notre promiscuité perpétuelle nous enferme dans de grands silences, et notre petit budget ne nous permet pas de grandes folies. Notre raison non plus d'ailleurs, qui pourrait bien envoyer paître le petit budget.

Alors, Karine tricote et moi, j'écris. Bien sûr, nous sommes assis dans le gazon d'un parc du centre-ville médiéval d'Utrecht, aux Pays-Bas. Bien sûr, nous buvons une petite bouteille de rouge et nous mangeons santé et Doritos. Bien sûr, nous ne comprenons rien de ce qui se dit autour de nous et nous fumons une *pof* légalement. Bien sûr… Mais tout cela est normal. C'est comme si découvrir le monde et apprécier la vie étaient devenus routiniers.

Spiritualité

Jean-Paul II est mort depuis peu et, chaque fois que je prie, me vient le fantasme que, tout comme David, on vienne me chercher dans mon pâturage et que l'on m'oigne prochain pape. « Vous êtes la lumière du monde », seraient mes premières paroles.

Et là, un peu comme un rimpoché bouddhiste, qui devient maître spirituel dès son enfance, je grandirais avec le souci d'être un éveilleur de conscience. Dans le corps du Christ, je deviendrais le sang qui est inscrit dans mes gênes. Une bouffée de globules rouges. Bien sûr, cela voudrait dire qu'il faudrait prévoir quelques chambres au Vatican pour les enfants, mais bon… Ce n'est pas la place qui manque!

Qu'est-ce que ça me donne de fantasmer ainsi? Rien de plus qu'un bon feu au milieu de l'hiver. Ça me fait sourire, me fait rêver, me stimule l'imagination et me fait fuir la grisaille présente. Quand c'est l'hiver, on reste pas le cul assis dans neige. On trouve des moyens de se réchauffer. Ça me permet aussi parfois de me dire : « Ben vas-y mon gars, fais-le à petite échelle. »

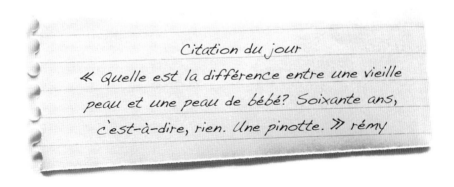

Citation du jour

« Quelle est la différence entre une vieille peau et une peau de bébé? Soixante ans, c'est-à-dire, rien. Une pinotte. » rémy

La technologie nous promet continuellement de nous faciliter la vie, de nous libérer de nos fardeaux et des risques que nous devons prendre. Ce faisant, elle nous sécurise et nous permet de vivre plus longtemps. Or, il apparaît que le confort provoque un certain conservatisme, tout comme l'âge. Comme le poids démographique des jeunes est maintenant inversement proportionnel à ce qu'il devrait naturellement être (ce qui veut donc dire « moins de jeunes que de vieux »), est-ce que cela expliquerait en partie la montée de la droite un peu partout en Occident?

En fait, comme seule la mort donne lieu à une nouvelle naissance, les changements de société seront de plus en plus difficiles au fur et à mesure que nous repousserons les limites de notre existence sur terre. Plus on vieillit, plus les adolescents nous dérangent, plus les idées des nouvelles générations vont trop loin pour nous. Ainsi en est-il de la société : plus une société est vieille, plus les forces de changements sont affaiblies. Les seules nouveautés que nous intégrons tous facilement à nos vies sont de l'ordre du dernier gadget à la mode, qui nous donne l'impression de rester jeunes.

Rêve*zzzz*

Je suis épuisé. Sur le point de fondre en larmes. Mon problème tient dans le fait que je ne dors pas bien. En fait, il faudrait plutôt dire que je dors bien, mais que je rêve mal. Des rêves remplis d'analyses, de joutes oratoires, de raisonnements et de contre-raisonnements. Des rêves longs et plates qui se poursuivent même si je me réveille, me tourne de bord et me rendors avec la ferme intention de rêver à autre chose. Et lorsque, finalement, j'y arrive, le tout me rattrape au détour. Au milieu d'un autre rêve, je dis : « Attendez que je résume » et je raconte mon rêve précédent dans le rêve actuel! Une première. Si au moins j'avais la satisfaction de me souvenir des détails juteux de toutes ces insignifiances. Mais non. Il ne m'en reste que très peu. Que la certitude d'avoir perdu mon temps à rêver.

RRRRRRRRRRRHHHHHHHHHHHHHHHHHHHHHHHHH
HHHHHHHHHAAAAAAAAAAAAAAAAAAAAAA
AAAAAAAAAAAAAAAAAAAAAAAAAAAAAA
AAAAAAAAAAAAAAAAAAAAAAAAAAAA
AAAAAAAAAAAAAAAAAAAAAAAAA
AAAAAAAAAAAAAAAAAAAAAAA
AAAAAAAAAAAAAAAAAAAA
AAAAAAAAAAAAAAAAAA
AAAAAAAAAAAAAAA
AAAAAAAAAAAAAA
AAAAAAAAAA
AAAAAAAAAA
AAAAAAAA
AAAAAAAA
AAAAAA
AAAAAA

Essentielle errance…

Les derniers jours ont été plutôt difficiles. Je suis assez écœuré de tout : de moi, de Karine, de l'argent, des Pays-Bas, de prévoir notre prochaine famille d'accueil, des changements d'horaire, etc. Nous rencontrons pourtant des tas de personnes intéressantes. Beaucoup de petites générosités spontanées et gratuites, beaucoup de fierté à mettre à notre disposition vélos et ordis, beaucoup de joie à partager souvenirs et photos. Malgré tout cela, je suis continuellement harassé. Entre autres par les démarches administratives et les règlements idiots de certaines compagnies qui vous donnent l'impression d'être un gros trou d'cul que tout le monde peut fourrer allègrement.

Exemple : nous avons des cartes d'appel MCI. L'une presque vide, l'autre presque pleine. Ni l'une ni l'autre ne fonctionnent. Les numéros ne sont plus valides. En aucun moment, il n'est écrit sur les cartes que celles-ci ne sont plus valides après x jours de la première utilisation, comme sur certaines autres cartes. Lorsque je réussis à rejoindre la compagnie, une jeune femme me dit qu'elle ne comprend pas, ne trouve pas les numéros des cartes, ne peut et ne veut pas les réactiver. Elle me propose de me présenter où je les ai achetées. Comme si le p'tit gars du dépanneur de Montréal, où le cousin de Karine nous avait acheté les cartes, avait le pouvoir de les remplir, surtout alors que je suis aux Pays-Bas. Puis, madame termine en me disant d'appeler ailleurs.

« Appeler ailleurs?... Mais je ne suis pas chez MCI? »

— Oui.

— Ben alors, c'est vous qu'il faut que j'appelle si ma carte MCI ne fonctionne pas.

— MCI est une compagnie qui gère plusieurs cartes d'appel.

— Mais tout ce qui est écrit sur ma carte à moi, c'est MCI.

— *Sorry, I cannot do anything*[103].

— Adieu. »

Clic.

Adieu. C'est ce que je réponds en général à une personne morale ou non à qui je veux signifier que, quoique tout à fait liées, nos existences ne risquent pas de se recroiser de sitôt. La bureaucratie froide et bête, les tonnes de petits caractères qu'il nous faudrait deux ou trois heures à déchiffrer et la volontaire prédisposition « à ne pas pouvoir faire grand-chose pour vous » des premiers répondants ont raison de ma persévérance. Cette conspiration légale pour soutirer le maximum d'argent de chaque client est d'autant plus efficace si la compagnie est gigantesquissime. Tant et tant de platitudes et de formalités, tant et tant d'incompétences spécifiques et spécialisées. Ça m'assomme.

Enfin bref… Tout ça pour dire que je n'allais pas bien et que je vais un peu mieux. En allant voir *Un long dimanche de fiançailles* au cinéma, je me suis gelé le cerveau à coup de Jeunet. Une parenthèse fictive où, pendant quelques heures, ma réalité n'était plus réelle. Un stimulus pour l'imagination et l'oubli. Quelques instants de rires et d'émotions. Des problèmes qui ne sont pas les miens. Un début, un milieu et, surtout, une fin. Une bonne chose de réglée. J'en suis sorti plus léger. Moins conscient. Endorphiné.

Karine lisait dernièrement que, depuis la tendre enfance jusqu'à la coriace vieillesse, notre être recherche continuellement des stimuli agréables qui relâchent dans notre cerveau

---

103 « Désolé, je ne peux rien faire. »

tout plein d'hormones euphorisantes. En ce sens, nous sommes tous accros à quelque chose. Alcolo, filmolo, livrolo, musicolo, méditolo, sexolo, travaillolo, magasinolo et tricot. Personnellement, mes meilleures échappatoires sont les bandes dessinées, le cinéma et l'écriture merdique, puisque je constate en me relisant que mon stylo est un anus et que l'expression « me fait chier » revient plus souvent qu'à son tour. Il me faudra chercher des synonymes pour expliquer ma dysenterie cervicale et émotionnelle[104].

---

104 Le lecteur minutieux sera peut-être tenté ici de reculer de quelques pages en recherchant toutes les fois où « me fait chier » apparaît. Sachez donc, cher lecteur minutieux, que votre recherche sera vaine, car non seulement l'auteur s'est-il proposé de chercher des synonymes, mais en plus il l'a fait!

De : Rémy
À : Worotan
Envoyé : 2 mai 2005 18:44:15
Objet : Extraits

Je suis présentement en train de voler en morceaux. Moi qui voulais tellement me faire critique de cette société de performance, je me rends compte que j'analyse ma vie selon ses propres critères. Moi qui lutte contre la perfection grecque du conservatisme religieux, je ne me permets pas beaucoup d'écarts. Je m'analyse et me suranalyse, me restreint et etc.

L'Inde m'a ébranlé de tous bords tous côtés, et toute l'argile qui m'entourait est en train de s'effriter. Mon système de valeurs est complètement remis en question. Tout y passe. Je suis en mutation, encore une fois, pour faire changement!! Jusqu'à tout dernièrement, j'étais encore dans de grands tourments. J'en ressors plus fort, mais étrangement plus violent.

Ce que j'ai vécu en Inde m'a appris à continuellement me battre, à me défendre, à faire respecter mon territoire. L'Inde, ça nous remet en contact avec tout ce qu'il y a de plus instinctif en nous et que nous nions si facilement dans notre société civilisée pleine de belles règles de conduite. Mais l'instinct ne retourne pas facilement se coucher après avoir été réveillé comme ça!!

Je vais un peu mieux, depuis avant-hier soir, alors que pour la première fois depuis longtemps, j'ai trop fumé. Pendant quelques instants, j'étais vraiment trop gelé. Mais, en même temps, un paquet de prises de conscience m'inondait le cerveau. À force de vouloir être continuellement souple, j'en étais rendu extrême-ment rigide avec moi-même. J'étais devenu un fardeau. Mais me voilà redevenu léger. Fragile, mais confiant. En paix, mais prêt à me battre.

Au plaisir!

rémy

xxy

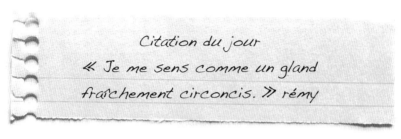

Citation du jour
« Je me sens comme un gland
fraîchement circoncis. » rémy

Essentielle errance…

La journée d'hier fut mémorable, mais j'ai peur de l'oublier. Alors j'écris.

Pour la fête de la reine des Pays-Bas, célébrée le 30 avril, tout le monde a le droit de vendre dans la rue sans permis. On a donc eu l'idée d'essayer de vendre quelques-uns des châles que nous avions rapportés de l'Inde. On a choisi d'aller à Amsterdam parce qu'on nous avait dit que c'était *LE party* et qu'il y avait plein de monde. C'était vrai.

En fait, il y avait plein de monde saoul et désagréable. Installés par terre sur un grand rideau usagé, on essayait de défendre notre territoire. Plusieurs marchaient en riant sur notre stock et nous envoyaient chier en néerlandais. Il y en a un qui a ri un peu trop fort et quand son copain s'est retrouvé les deux pieds au milieu de notre kiosque, je l'ai agrippé par le collet et je l'ai sorti de là. Le gars était légèrement plus grand et plus gros que moi, mais j'avais la rage, et il a eu peur. Je la voyais dans ses yeux.

Il y a eu, dans ces nanosecondes, quelque chose de jouissif et de purement animal. Le plaisir de dominer et la joie de faire respecter son territoire. Cet élan d'agressivité en réponse à la bêtise humaine me fait moi-même devenir une bête, mais ça m'a fait le plus grand bien. Le pacifisme et la tolérance ont quelque chose d'épuisant et de captivant. Je suis (ou j'étais?)

prisonnier de ma fascination pour la construction d'un règne de paix. Et là, je commence à vomir tout ce que j'ai ravalé.

Puis, de retour à Haarlem, où nous sommes hébergés, ce fut la réexplosion. Pour la première fois en dix ans, j'ai trop fumé et cet abus m'a fait le plus grand bien. Comme si, d'un coup, les murailles fissurées de ma rigidité s'étaient effondrées. Tout le système de valeurs que je m'étais construit au cours des années était devenu un moule trop petit pour moi, un joug épuisant. J'étais si exigeant avec moi-même, pesant en toute conscience chaque geste, analysant mille et une facettes de chacune de mes décisions, bravant continuellement les courants de la société ou les pressions familiales lorsque je me percevais juste. La voix de la raison m'avait rendu raisonnable. Ou presque. J'étais pris à mon propre piège.

En voulant contester la société, l'esprit de compétition, la surconsommation aveugle et tous les autres gréements de notre Occident, j'en étais arrivé à m'analyser avec les mêmes critères, avec la même exigence obsessive. Je m'évaluais avec sévérité, comme devant être le meilleur. Je devais être à la fois le grano par excellence, le bohème complet, l'intelligence suprême, le parfait contestataire. Pression, performance, perfection, Perras. Mon côté rationnel regrettait de ne pas être bachelier, diplômé reconnu. Mon côté migrateur regrettait mon incapacité à vraiment tout sacrer là et à squatter pour la vie. J'avais toujours l'impression de ne pas être assez, jusqu'à vouloir mieux performer dans ma lutte contre la société de performance.

« J'ai tendance à oublier que je suis Gémeaux. » Cette petite phrase anodine m'a saisi. Il y a en moi tant de paradoxes. Chaque facette de ma personnalité semble trouver son contraire à haïr à l'intérieur de ma propre personne. D'où cette grande sévérité envers moi-même, cette éternelle insatisfaction. Je suis à la fois un homme entier, d'un seul bloc, et un « bullatique » fragmenté et éparpillé. Et l'un et l'autre se regardent avec pédanterie. À la question « Qui suis-je? », je dois parfois commencer par répondre « Combien sommes-nous?!?! »

Citation du jour

« À toujours me demander si ce qui m'énerve chez mon prochain est une partie refoulée de ma personne, c'est l'énervement que je refoule. » rémy

CHRONIQUE D'UN INSOMNIAQUE CHRONIQUE

Depuis ce fameux abus de marijuana, j'ai retrouvé une certaine malléabilité, un laisser-aller profitable et une confiance en la vie. La question qui m'habite conséquemment est donc : « Suis-je encore gelé? Se pourrait-il que le flot d'endorphine qui m'a envahi ce soir-là soit encore à l'œuvre, m'aidant à prendre la vie avec souplesse et plaisir? » Et la réponse est : « Vraiment là, vous m'en posez une bonne… »

Peu importe la réponse exacte, je sais une chose : une valve était bouchée et elle s'est rouverte. Comme le Drano, il ne faut pas en abuser, mais il y a des fois où ça devient nécessaire. Les plus grands bonheurs se goûtent toujours dans une libération, et apparemment, pour être libéré, il faut avoir accumulé jusqu'à ce que ça déborde. Richesses, injustices, indifférence, froideur, béton, exploitation et vides entassés jusqu'au trop plein[105].

Pendant toute cette tempête, j'étais poussé par une rage animale et j'avais besoin de frivolités. J'aurais eu envie de partir « s'a cruise », de trips à trois, de baises féroces, etc. Mon instinct était jaloux des pigeons, des lions et des chiens. Toutes les femmes devenaient objets de désir. En regardant la nature évoluer, j'en suis arrivé à me demander si la fidélité était quelque chose de naturel. Tout comme la monogamie, d'ailleurs.

De tout cela, nous avons parlé. Incroyable, tout de même. Avec Karine, on finit toujours par s'ouvrir jusqu'au bout. J'ai appris qu'elle-même se posait des questions sur la fidélité, mais surtout sur la réelle possibilité de passer sa vie avec la même personne. Les exemples naturels sont rares et cette tendance à vouloir changer de partenaire est peut-être génétiquement inscrite en nous. Comme des cycles ou des saisons. Non pas qu'elle veuille me *flusher*. Non pas que je veuille la quitter. Mais on se demande tout de même, en observant la nature, si tout cela n'est pas une invention humaine. Si nous ne nous retrouvons pas à lutter inutilement contre nous-mêmes.

Enfin bref… J'ai la tête en dehors de l'eau. Je ne touche pas encore le fond, mais je sais faire du ti-bicyc longtemps.

---

105 Cher lecteur averti, quel bonheur de vous avoir parmi nous! Vous revoici encore avec une question de forme fondamentalement inutile mais des plus intéressantes. « Sont-ce seulement les vides qui sont entassés jusqu'au trop plein ou alors aussi tout ce qui les précède? » Sachez donc, cher lecteur averti, que, quant à moi, richesse, froideur, injustice, indifférence, béton et exploitation sont inexorablement des formes de vide qui remplissent notre quotidien.

Citation du jour

« Pour être moi, je suis le meilleur. »

rémy

Citation du jour

« Mon mari est un homme fabuleux. »

Karine, une femme perspicace!

Spiritualité

L'instant de notre libération est directement relié à notre niveau de tolérance à une situation incommodante. Étrangement, on peut être longtemps au bout du rouleau. On peut dire des centaines de « ah ben là, moé, ça va faire, j'ai assez donné, j'décroche, j'suis écœuré. » On peut verser des milliers de larmes de désespoir et boire des litres de verres d'oubli. Toutefois, dans tout cela, il y a un malin plaisir à être malheureux. Il faut en arriver à être saturé d'être saturé pour vraiment exploser. Ce point, je l'ai atteint dernièrement.

Néanmoins, la vie en elle-même me pose encore bien des questions. Pour l'instant, je suis confortablement ouaté dans un appart où la musique classique m'enivre, où j'ai pu prendre le temps de faire l'amour avec Karine et où j'ai la liberté d'écrire. Mais à tout moment peut surgir un étendard, un slogan, un livre sacré, une mode ou un voleur. Pourtant, il me semble que lorsqu'on réalise à quel point c'est chiant de se faire voler, on s'arrange autrement! Mais, apparemment, le principe de base « ne pas faire aux autres ce que je ne voudrais pas qu'on me fasse » n'est pas encore assez *basic*!

Finalement, je souligne que toute cette morosité et cette résurgence de ma bestialité ne m'ont jamais coupé de la prière. En fait, elles étaient un tremplin de cris vers Dieu. Des cris insipides et sans odeur, si ce n'est celle du sang. Des sarcasmes empreints de doutes. Des instants de vide crachés au ciel, convaincu qu'il n'en retomberait rien. Mais tout cela était prière. Cette rage animale s'est apaisée, mais j'espère ne pas oublier qu'elle m'habite. Elle doit m'aider à mener les bons combats.

De : Rémy
Envoyé : 6 mai 2005 09:38:28
Objet : Nous sommes maintenant...

... en Belgique et le clavier est complètement différent du nôtre!! Je suis continuellement en train de corriger ce que j'écris!

Nous sommes plus particulièrement à Bruxelles, ville à la cathédrale magnifique et où les gens qui nous accueillent sont bien fiers de nous faire découvrir les bières belges!! C'est aussi le pays de Jacques Brel et nous avons eu la chance de voir son dernier spectacle sur grand écran.

Avant de voir le film, nous pouvions écouter des extraits d'entrevues. Trois phrases m'ont marqué :

« J'aime avoir peur. »

« Je n'ai presque plus peur que de moi. »

« Je n'ai plus peur de la mort donc je n'ai plus peur de rien. »

rémy

Spiritualité

« J'aimerais avoir le courage du non-sens. » Au fil d'un petit délire introspectif, cette phrase m'est apparue comme une vérité utopique et profonde de mon être esthétique[106]. Toutefois, je dois me poser sincèrement la question : « Est-ce vrai? Ai-je vraiment envie de n'être que chaos? Qu'une série de soubresauts imprévisibles? » Le cartésien sympathique qui m'habite et qui commence à reprendre possession de son territoire essaie doucement de répondre non.

Comment concilier ces deux facettes de ma personne? Je ne sais pas, mais je crois que l'une et l'autre voudraient parfois être libérées de la recherche de sens! Le sens de ma vie ne devrait être que de vivre. « À quoi sert la vie? », « Qu'est-ce qui rend l'homme heureux? » et autres questions du genre n'ont qu'une seule réponse : vivre. Vivre et aimer vivre.

« La vie était la lumière des hommes[107]. » Cette phrase m'habite depuis huit ans, peut-être dix. Maintenant que je réalise de plus en plus la grandeur, la forte douceur et l'incompréhensible violence de la vie, elle prend de nouvelles couleurs. La vie possède cette capacité du non-sens, de l'imprévisible longuement préparé, comme le tsunami qui ravage tout sur son passage, comme le feu qui prépare une forêt mature.

La vie a ses propres montées d'hormones qui font tout basculer et qui modifient considérablement nos conventions, nos prédictions, nos rigueurs. Voilà pourquoi je dis à tous les chrétiens du monde qu'un adolescent qui se masturbe se donne la vie. Et à tous les adolescents du monde, je dis :

---

106   « Mon être esthétique? Qu'est-ce que c'est que cela encore? » se demandera le correcteur minutieux. Sachez donc, cher correcteur minutieux, qu'il y a en chacun de nous un désir de plaire, de bien paraître, et qui cherchera par tous les moyens à nous faire correspondre à son idéal de beauté.

107   Jn 1, 4.

« Quand ça t'aura saoulé, quand ce ne sera plus que mécanique compulsive, quand ça ne goûtera plus l'orgasme, mais la décharge, ben passe à une autre étape. Apprends à désirer. »

La vie est étapiste et sauvage tout à la fois. Prendre une décision à la lumière de la vie, c'est s'exposer au dérangement et à la diversité. Voilà pourquoi la morale monolithique s'effondre toujours. Comme elle nous enferme tous dans un monde de comparaisons entre ceux qui se contiennent et les « débauchés », elle crée elle-même un monde de compétition et de jalousie. La morale devrait être plus intimiste et nous amener à reconnaître ce qui nous épanouit maintenant et ce qui a fini par nous abrutir à cause d'une surutilisation. Ainsi, elle nous maintiendrait dans le flot de la vie.

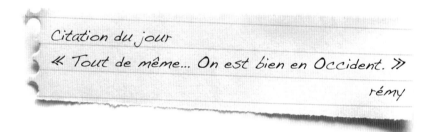

Citation du jour
« Tout de même... On est bien en Occident. »

rémy

De : Karine
Envoyé : 19 mai 2005 09:42:00
Objet : Aux Champs-Élysées...

« Aux Champs-Élysées... au soleil sous la pluie à midi ou à minuit... » (Joe Dassin) J'ai chanté sans arrêt! Pauvre Rémy. Chaque fois que je découvre un nouveau quartier parisien, reviennent en ma mémoire des airs de nos chers artistes français qui nous vendent Paris avec un tel romantisme!

Nous avons clôturé notre séjour en Belgique avec Katia, une amie de Rémy qui habite en communauté. J'ai découvert de nouvelles formes de prière qui m'ont bien plu. Nous sommes allés à Chevetogne (HAUTEMENT RECOMMANDÉ À TOUS!) chez des moines orthodoxes. Ce fut le plus beau lieu de prière chrétienne que j'ai vu de toute ma vie. Impeccable. Mystérieux, inspirant... C'était un lieu hyper sombre, avec plein de chandelles, un mini chœur de moines vêtus de noir sous un discret rayon de soleil qui illuminait leur barbe trop blanche. Il y avait des arbres, des peintures iconographiques ternies par les années et un plancher qui craque au max.

Maintenant, on est chez Charlotte, qu'on a rencontrée en Inde. On a visité le Musée du Louvre, on n'a pas eu le temps de voir le quart du musée en une journée complète. Je penche pour la peinture italienne du 15ᵉ siècle. Le Louvre est une œuvre d'art en soi. J'étais saisie de voir autant de richesse concentrée.

Ah oui : j'ai vu la Joconde.

Bye bye los amigos!

karina

Quand on attend le métro, évidemment, on regarde les publicités géantes qui s'affichent aux murs. Parmi elles, une pub de Darty me donne de petits frissons dans le dos. Description de l'image : au cœur d'une campagne vallonnée et verdoyante, un troupeau de moutons broute paisiblement pendant que le vieux berger, assis sur une roche, consulte son ordinateur portable. « Bienvenue dans un monde où la technologie n'oublie personne », est-il écrit.

C'est là que j'ai un petit malaise. « La technologie n'oublie personne… » Voilà qui me rappelle un livre bien connu. Paranoïe-je ? N'est-ce qu'une méfiance exagérée ? Voulant me convaincre que oui, je me dis : « Ben voyons, Rémy, capote pas. C'est juste une pub. C'est une allégorie, une image… et ça ne veut surtout pas dire qu'il y a un Big Brother qui te zyeute partout où tu es et quoi que tu fasses… »

Je détourne les yeux afin de fuir mes appréhensions et je tombe sur… une caméra. Des caméras, à Paris, il y en a partout. Pour notre sécurité, bien entendu. Je détourne encore une fois mon regard et je croise Estelle. Aaaaah! Estelle! Quelle vision réconfortante! Elle est là, devant moi, sur une affiche grandeur mature, avec son déshabillé émoustillant, son ventre ferme, ses seins galvanisés et son visage de femme mûre et tranquille. Elle est sympathique, Estelle. Comme un soleil dans le métro. Une petite pilule parfaite pour nous faire penser à autre chose.

Choc∗culturel

À Paris se côtoient deux compagnies de métro : la RATP (Réseau avant-gardiste de transport de Paris) et la RATP (Réseau archaïque de transport de Paris). C'est le charme de cette ville.

Spiritualité

Assis dans l'église Saint-Germain, j'ai fait appel à ma mémoire sensorielle. On m'a appris à faire ça dans mes cours de théâtre au cégep. Comme quoi, rien ne se perd. Tout cela pour dire que cette mémoire m'a aidé à retrouver l'ambiance dans laquelle nous avons baigné lors de la Pentecôte. En quelques secondes, j'ai eu l'impression de me retrouver en pleine prière charismatique intense et de goûter de tout mon corps l'énergie positive de l'Esprit. Ma conscience se retrouva donc en présence de Dieu.

« Bonjour! », lui murmurai-je, enthousiaste.

— Ça fait longtemps! Comment va?

— Bien merci. Et toi?

— Bien. Merci. »

Et puis, on s'est « appréciés » dans le silence. Au bout de quelques minutes (qui n'étaient probablement que des secondes, mais avec lui, cinq minutes sont comme trois secondes et vice-versa), j'ai remarqué que j'avais commencé à lui dire « Je t'aime » sur ma respiration. C'était un mouvement du cœur empreint d'une belle pureté. Ensuite, il a commencé à me répondre! Un « Je t'aime » sur l'inspiration me venait de Dieu, qui me rafraîchissait de son amour vital. Un « Je t'aime » sur l'expiration allait vers lui, lui offrant à mon tour la vie. Nous respirions gaiement tous les deux et nous vîmes que cela était bon.

Au bout d'un moment, j'ai pris une inspiration immense. Je me suis gonflé à bloc avant de me dégonfler comme une balloune joyeuse. J'avais conscience de l'oxygène qui, après avoir chevauché une cellule rouge, me rafraîchissait jusqu'au bout des orteils. J'avais aussi plaisir à être certain qu'il en était de même avec monsieur Dieu : assurément, il oxygénait chaque recoin de mon corps, de mon âme, de ma tête, de mon être. Joie.

CHRONIQUE D'UN INSOMNIAQUE CHRONIQUE

La politique... La France prépare un référendum sur la Constitution européenne. Chaque résidence a reçu un exemplaire de la brique comprenant les textes de la Constitution. Quand j'ai commencé à lire ce texte de loi aux multiples articles et aux renvois tous plus compliqués les uns que les autres, mon cerveau a décroché au bout de dix lignes, mes yeux après quinze, et mes mains ont refermé le tout dans la seconde suivante.

Pourquoi la politique fait-elle semblant d'être démocratique?

```
        Bouchée d'esprit de toilette
        « La dictature, c'est ferme
          ta gueule. La démocratie,
          c'est cause toujours. » x


      Bouchée d'esprit de toilette (bis)
        « L'infini, c'est long. » y
```

Spiritualité

Les jours défilent à une vitesse folle. Bon souper, bonne bouteille, beau château et belle cathédrale, le tout à mettre au pluriel. À cela s'ajoute la prière qui, au contact de la nature et de la campagne, transforme mon cœur en chapelle où le saint sacrement est exposé vingt-quatre heures par jour. Je suis heureux.

En compagnie de Benjamin et Albin, deux Français rencontrés en Inde, nous avons visité la cathédrale de Chartres, joyau mondialement reconnu pour ses vitraux magnifiques, si hauts qu'on n'y distingue pour ainsi dire rien du tout. N'ayant jamais lu sur la sujette, je ne la connaissais que de renom. Mais le renom en question ne m'avait jamais parlé du tracé de prières imbriqué dans son sol : un labyrinthe circulaire qui nous invite à suivre ses dédales. En suivant un chemin et tous ses détours, on progresse tranquillement vers le point central de ce mandala chrétien.

Au commencement, on marche droit vers l'objectif, mais c'est bien la seule fois pour les quinze prochaines minutes. Après quatre pas, on bifurque à gauche et on s'engage dans des méandres prévisibles et déroutants. Tantôt, on se trouve tout à côté du centre et on se croit arrivé. Évidemment, l'instant d'après, on se retrouve à l'autre bout du monde.

Sur cette petite planète, on n'est jamais seuls. Du moins, pas par un beau vendredi après-midi. Sur le sentier, on croise de temps à autre des gens qui redescendent vers la sortie. À certains moments, on marche parallèlement à quelqu'un jusqu'à ce que nos chemins bifurquent. Il y a aussi ceux qu'on voit venir de loin et qu'on ne croise jamais. Et puis, il y a les autres. Ceux qui visitent la cathédrale le nez en l'air pour voir les vitraux et qui traversent le labyrinthe d'un bord à l'autre sans jamais réaliser où ils ont les pieds, ou encore ceux qui sont assis et qui regardent les pèlerins.

En priant le chemin de Chartres, ma pensée se promenait : « Quarante ans dans le désert à tourner en rond avant la Terre promise »; « La vie est un long fleuve tranquille »; « Tous ces détours, tous ces gens que je croise à peine, c'est comme ma vie »; « Comme il est bon de savoir que tous les détours sont nécessaires pour arriver au nécessaire »; « Bâtard! le plancher est donc ben frette! » (moi qui étais nu-pieds); « Dans l'fond, une fois rendu au centre, j'y resterai pas ben ben longtemps »; « J'ai déjà hâte de découdre le chemin! »

Une fois dans la fleur centrale du labyrinthe, j'ai pris le temps de m'installer dans chaque pétale en regardant droit devant moi. Puis, un salut vers l'autel et le retour vers l'entrée devenue sortie. La même route, mais avec des points de vue et des gens différents. Malgré la simplicité apparente de la démarche, j'avoue que je redescendais la joie au cœur et le sourire aux lèvres, avec le sentiment de l'accompli, le plaisir de la chose bien faite et avec l'étrange présence du Dieu pèlerin. Que dire de plus? Rien.

De : Karine
Envoyé : 3 juin 2005 19:43:29
Objet : Et Merlin m'enchanta

Allô les effluves printanières! Comment se déroulent vos super journées pleines de soleil?

Les nôtres; pas mal!

Nous sommes allés découvrir la forêt Brocéliande de PAIMPONT. Cette forêt est en Bretagne et je peux vous dire que les Bretons sont des gens fiers sans être têtes enflées. Ils sont grandement attachés à leur forêt et à son vécu. Forêt mythique où vécurent Merlin, le roi Arthur, les sorcières, les elfes, les fameux chevaliers de la Table ronde et le GRAAL. Cette ballade en lieux historico-mystiques fut inspirante et méditative. J'avais l'impression d'entrer dans un monde insolite aux mille trésors et souvenirs. Je me suis trempée dans la fontaine de Jouvence... Voyons voir maintenant!

De plus, nous sommes à Orléans, vallée des châteaux de la Loire. Nous avons visité la cathédrale de Chartres, le château de Chambord, Cheverny, etc. Monuments de rêve où festoyaient entre autres LÉONARD DE VINCI avec ses potes. On a aussi expérimenté les sables mouvants du magnificos mont Saint-Michel (Normandie). Et notre prochaine escale sera TAIZÉ, un peu plus vers le sud.

Il ne reste plus que trois mois à notre voyage. Je suis dans un grand mélange d'émotions et de réflexions. Je découvre toujours de nouvelles choses qui obligent ma joyeuse cervelle à se questionner un peu sur la vie en général. C'est pas reposant, mais bénéfique, je l'espère.

J'ai hâte de vous retrouver.

Portez-vous bien et A+

karine

Chaque fois qu'on visite une famille, je me dis que je vais redécouvrir la beauté d'avoir des enfants. Chaque fois, je me plante. Un enfant, c'est vraiment chiant. Ça nous bouffe tout cru. Le soir, plus d'énergie pour faire l'amour. Alors que, toute la journée, j'avais espéré l'instant où nous regagnerions la chambre qui nous avait été attribuée, voilà que le moment venu me trouve complètement vidé, incapable de même avoir le goût de faire l'amour. Un milliard de caprices sur deux pattes, tel est l'enfant occidental.

Depuis que je suis petit, j'entends parler de l'enfant roi. Je crois que nous avons dépassé ce stade. Notre société a maintenant déifié l'enfant. La mortalité infantile est un scandale. La mort d'un enfant est ce qui peut arriver de plus terrible à des parents. Avant l'enfant, on se permet une certaine insouciance (on peut même avoir confiance en la vie!). Après, on s'inquiète à la moindre possibilité d'avoir à faire face à un manque.

Alors que nous savons parfaitement que nos défis et nos souffrances nous ont fait grandir, nous voudrions à tout prix les éviter à notre petit dieu. Alors que nous savons parfaitement que nous apprenons de nos erreurs et de nos révoltes, nous voudrions la voir grecque et parfaite, notre petite déesse.

Le christianisme est en partie à l'origine de cette déification de l'enfant. Les évangiles de l'enfance créés par Luc et Matthieu, le petit enfant qui entre au paradis, la vérité qui sort de la bouche des enfants et l'enfant Jésus lui-même devenu enfant roi au Moyen Âge. L'enfant, l'enfant, l'enfant. L'enfant pour qui on sacrifie temps et argent, l'enfant pour qui on s'oblationne et on s'oublie. L'enfant que l'on aurait voulu être, que l'on voudrait avoir, que l'on voudrait redevenir. L'enfant dieu.

Spiritualité

« *Ubi caritas et a-a-mor, ubi caritas, Deus ibi est.* »

« Où sont amour et charité, Dieu est présent. »

Voilà finalement une définition simple de la présence de Dieu. Évidemment, je pourrais niaiser sur les mots. « Qu'est-ce que l'amour? Qu'est-ce que la charité? Qu'est-ce que Dieu? Qu'est-ce qu'"être"? Qu'est-ce que "Dieu est"? Qu'est-ce qu'un lieu? », pourrais-je me demander en rafale.

Pendant que je tournerais autour du pot, je ne pourrais m'apercevoir que la charité est de moins en moins spontanément présente dans ma vie. J'ai besoin, je prends. Si quelqu'un a besoin, qu'il prenne. Des choses simples comme l'assiette de fromages que je ne fais pas tourner ou comme la bouteille de vin que je termine sans en offrir. Des banalités qui en disent long sur mon état d'âme.

Mes instincts, réveillés en Inde, combinés à l'avarice légalisée en Occident, me donnent de bonnes raisons de me blinder, de m'individualiser, et j'en constate les répercussions dans les petites choses de ma vie.

```
Bouchée d'esprit
    « How can you sing if your mouth
    is filled with food? How shall
    your hand be raised and praise
    if it is filled with gold[108]? »
                    Khalil Gibran[109]
```

---

108 « Comment chanter si ta bouche est pleine de nourriture? Comment tes mains pourraient-elles s'élever et rendre gloire si elles sont pleines d'or? »
109 KHALIL GIBRAN, *Sand and Foam*, New York, Knopf, 1926, 112 p.

Spiritualité

Mes pieds servent de snack-bar Chez Léon aux maringouins. Je verse mon sang pour les maintenir en vie. C'est beau quand même.

Jésus était Juif, il y a 2 000 ans. C'est fou quand même! Maintenant, il a des disciples partout à travers le monde. Des gens qui ne sont pas toujours d'accord entre eux, mais bon… Qui nous dit que Jésus était toujours d'accord avec lui-même? Se tromper n'est pas un péché. Pas plus que de regretter et de reconnaître que je me suis trompé. On nous dit qu'il n'a pas connu le péché, mais ça ne veut pas dire grand-chose, puisque la loi n'est plus une loi écrite.

Avec tout son cœur, Jésus a aimé Dieu. De toute son âme, il s'est aimé et il a aimé son prochain de toutes ses forces. Cependant, l'amour lui-même a ses saisons. L'amour lui-même est imbibé d'imperfections, au sens grec du terme. La perfection que Jésus nous propose d'atteindre est la perfection de la miséricorde, non seulement envers les autres, mais aussi envers soi-même.

Ce stade si précieux, si fragilisant et si revitalisant de la reconnaissance de ses propres limites, voudrait-on me faire croire que Jésus ne l'a pas connu? Pourtant, il est impossible de pardonner aux autres si nous n'avons pas d'abord appris à le faire pour nous-mêmes. C'est dans nos faiblesses et petitesses que l'amour de Dieu se manifeste. Il en était de même pour Jésus.

```
Bouchée d'esprit
 « Il nous faut au quotidien pardonner
 à l'autre de ne pas être comme nous. »
                    Un frère de Taizé
```

Spiritualité

« Allez donc apprendre ce que signifie : c'est la miséricorde que je veux, non le sacrifice[110]. » Voici une parole bien dérangeante à dire à des prêtres dont la principale source de revenus venait des sacrifices. Aaah, l'argent!

C'est aussi une parole qui vient me conforter dans ma compréhension de la Croix. Ce n'est pas le sacrifice de la chair et du sang de Jésus qui nous sauve. C'est l'amour et la miséricorde qu'il a vécus jusqu'à la dernière goutte, la miséricorde étant le seul et unique vrai sacrifice puisqu'il implique la mort de notre égo. Faire miséricorde alors qu'on lui fait injustice, voilà toute la hauteur, la profondeur et la largeur de l'amour du Christ. Et maintenant, « Faites ceci en mémoire de moi ». Lavez-vous les pieds les uns les autres. Même les pieds de Judas, de celui qui a trahi votre confiance. Ben franchement, pas sûr que j'en sois capable! Pas sûr que j'en aie envie.

L'année dernière, quand je me suis fait renverser par une voiture et que la folle... pardon... et que ma « sœur » est allée voir la police après coup pour lui raconter des menteries (que je pourrais gentiment appeler « sa version des faits »), je n'avais pas le goût de crier : « Père, pardonne-lui. » J'avais plutôt envie de lui dévisser la tête avec un bâton de golf. Alors, je suis allé *driver* des balles à en avoir des ampoules, parce que je ne crois pas à la vengeance, encore moins en la violence. Mais il faut que ça sorte quelque part.

Pendant des mois, je me suis senti poisson, poche et tout croche chaque fois que j'y ai pensé. J'ai prié pour comprendre, pour offrir, pour accepter. Ce n'était pas le 100 $ du vélo qui m'énervait, c'était le mensonge. Et je ne sais pas si je puis

---

110 Mt 9, 13.

dire que je lui ai pardonné. Ai-je franchi toutes les étapes menant au pardon selon Monbourquette[111]? « Pfffff… » Est-ce que, la prochaine fois que je vais me faire fourrer, je serai capable de pardonner plus vite? « Pfffff… » Bien sûr, ce n'est pas une course. Mais n'empêche que je suis chrétien, disciple du Christ, et que comme lui, j'aimerais vivre la miséricorde, même si ça me fait suer et, j'imagine, même si un jour ça me faisait suer du sang.

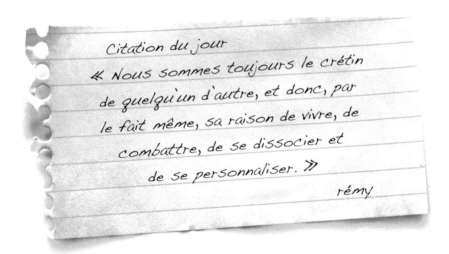

Citation du jour
« Nous sommes toujours le crétin de quelqu'un d'autre, et donc, par le fait même, sa raison de vivre, de combattre, de se dissocier et de se personnaliser. »
rémy

---

111 Jean Monbourquette, *Comment pardonner?*, Ottawa, Novalis, 1992, 256 p.

De : Rémy
Envoyé : 14 juin 2005 12:22:04
Objet : Une semaine...

Boîte de réception

Une semaine et demie sans prendre nos courriels, et nous voici débordés! C'est magnifique!

On a encore eu droit à un bain de nations, la semaine dernière, alors que nous avons passé 7 jours avec la communauté de Taizé.

Les chants de Taizé sont toujours aussi beaux! Il y en a un que je ne connaissais pas et qui m'a bien fait vibrer.

« De noche, iremos de noche, que para encontrar la fuente, solo la sed nos alumbras. »

Traduction sommaire : « De nuit, nous irons de nuit pour trouver la fontaine; seule la soif nous guidera, illuminera notre route. »

En l'écoutant, j'imaginais une tribu, autour du feu, entonnant ce refrain pour se motiver. La voilà prête à s'enfoncer dans la nuit pour y trouver la perle, le trésor, la vie. Guidée par ses tripes, par son intuition, par sa prière, par sa soif de Dieu, de justice, de vie.

C'est un peu ce que nous vivons aujourd'hui. On se laisse « pousser par le vent », comme dirait l'autre. Pour les 10 prochains jours, ce sera un peu au gré du temps et des gens, alors que nous sillonnerons les Alpes françaises. La montagne... Dieu y habite en secret dans un ermitage!

rémy

xxy

Choc*culturel

Un Italien a fait tout un détour pour nous déposer à Grenoble hier. J'ai été impressionné par la spontanéité avec laquelle il nous a rendu ce service. Il a non seulement sacrifié l'argent de sa compagnie (à qui appartient le véhicule), mais aussi son temps. Ce n'est pas la première fois que des gens s'offrent naturellement un détour afin de nous conduire à bon port. La gratuité et la solidarité ne sont pas mortes!

Évidemment, lorsqu'on a passé deux heures à faire du pouce sous la bruine pour se rendre à Lyon, on avait plutôt l'impression que l'individualisme triomphait pétaradement. Mais ce n'est que l'illusion de notre société occidentale. Ceux qui aiment rendre service le font encore de bon cœur. J'en prends aussi pour exemple toutes les familles qui nous ont accueillis et dorlotés à leur façon.

Désillusion : perdre ses illusions. Expression toujours utilisée alors que quelqu'un découvre que la vie n'est pas rose tout le temps, que la corruption et le mensonge existent, que les amis peuvent nous mentir, etc. Le fruit de la désillusion est un réalisme pessimiste et généralement sarcastique.

Toutefois, lorsqu'un cynique désillusionné découvre que les choses sont moins mauvaises qu'il ne le pensait, il se dit agréablement surpris. Pourtant, nous pourrions dire qu'il est de nouveau désillusionné. L'innocence de l'enfance laisse place à la critique de l'adolescence, qui laisse place à la logique de l'adulte, qui laisse place à la sagesse de la vieillesse. Désillusion après désillusion.

Au seuil de mourir, le vieux shnok, comme le vieux sage, aura l'impression que, finalement, tout cela est illusoire. Et il aura raison. Cependant, il ne faut pas oublier que c'est aussi une illusion de croire que tout n'est qu'illusion. En fait, tout est éphémère, éternellement éphémère et peut-être aussi éphémèrement éternel. Comme Mozart, comme les Beatles ou comme les Trois Accords.

Dans ce voyage, j'ai vécu une grande désillusion : la générosité gratuite existe encore en Occident.

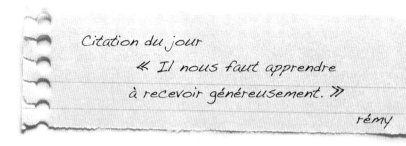

CHRONIQUE D'UN INSOMNIAQUE CHRONIQUE

Pourquoi est-il plus difficile à un riche d'entrer dans le Royaume des cieux? Parce que le riche est au-dessus du Royaume des cieux. Il est plus gros que la porte parce qu'il se juge la jauge de tout. Et riches, nous le sommes tous. Nos notions de l'acceptable, du petit essentiel pour vivre ou du vrai et du faux sont tout à fait reliées à ce que nous sommes, à ce que nous possédons.

Je serais curieux de faire un sondage : « Êtes-vous trop riche? » Mais non! Personne ne se considère trop riche. « Les riches, ce sont ceux qui dépensent plus que moi. Ce sont ceux qui n'ont pas les problèmes que j'ai. » Mais finalement, comme tout le monde a des problèmes, personne n'est trop riche.

Choc∗culturel

J'apprends que la mafia chinoise achète des enfants en Chine et les fait travailler au noir dans des usines de Paris. Au moins, les Français doivent avoir le label « *made in France* » et la joie d'encourager l'économie locale. Quel soulagement!

Rêve*zzzz.*

Dans une petite communauté débarque un tigre. Il me sacre une volée et s'impose à tous comme protecteur. Il est craint et respecté. Par désir de reprendre ma place, mais aussi parce que j'ai un mauvais pressentiment, j'acquiers tranquillement les capacités du tigre. De son côté, il devient de plus en plus féroce et imprévisible. Alors que je deviens félin, il devient babouin. Et juste au moment où ce singe sauvage et sadique perd le contrôle devant tant de chair fraîche et attaque une petite fille, je bondis avec puissance et lui arrache la tête d'un seul coup de patte.

Le nombre de
parasites sans
conscience
dont le seul
but est de
pourrir la vie
des autres me
surprend.

J'aimerais
bien avoir
un pesticide
contre les
suceurs d'âmes.

De : Karine
Envoyé : 25 juin 2005 18:13:40
Objet : D'un pays à l'autre

Allô vous tous!

Nous sommes maintenant en Suisse, on a décidé ça sur un coup de tête. On reste principalement dans la ville de Lausanne, donc je ne peux vous transmettre une vision juste de la Suisse.

Nous y avons visité le musée de l'art BRUT. L'art brut, c'est ce qui découle de la spontanéité des gens que l'on qualifie de fous et qui vivent dans des hôpitaux psychiatriques. Ben ce ne sont pas les émotions qui manquent! On goûte le délire et le génie. Cette expo fut pour moi déroutante et inspirante à la fois! Impossible de copier une telle façon de s'exprimer.

Une grosse constatation comparative entre l'Inde et les pays riches. En Inde, j'ai vu des milliers d'enfants : j'en ai pas vu un seul chigner. En Europe, j'ai vu quelques dizaines d'enfants... Et la plupart chignaient.

Demain, on se rend en Autriche pour aller voir Birgit, qu'on avait rencontrée en marchant vers Saint-Jacques-de-Compostelle en 2003. On va probablement faire une escale d'une nuit à Munich (Allemagne). C'est chouette d'avoir un rythme de visite rapide, d'un côté, parce que ça donne une vision très globale et comparative de chaque grande ville. Qu'est-ce que la ville dégage à première vue?

Bon, je vous dis à la prochaine. J'espère que la Saint-Jean a été un succès. Combien de brûlés cette fois?

Bye-bye les poussineaux et les poussinnettes.

karine

En lisant le début de l'autobiographie de Gandhi, j'ai été frappé par son amour de la vérité. À tout instant, il se remet en question, recherche la vérité et est prêt à se battre pour elle. Depuis, je crois que j'étais inconsciemment à la recherche d'une définition de ce mot auquel on donne toutes les couleurs.

Comme plusieurs contemporains, je crois que la vérité est multiple et qu'il existe donc des vérités. Toutefois, je n'ai jamais pu me défaire de l'idée qu'à la base, il n'y en a qu'une. Une Vérité avec un grand V de laquelle découle tous les autres petits v. Donc, « Qu'est-ce que la Vérité? »

Alors que je visitais avec intérêt le musée de l'Art brut de Lausanne, une étincelle m'a embrasé le cerveau. En quelques secondes, je me suis senti fragile et fort, hésitant et sûr de moi, comme sur le point d'atteindre un sommet. « La Vérité, c'est peut-être le chaos », ai-je murmuré à Karine.

Voilà qui eut l'effet d'ouvrir en moi une brèche d'adrénaline et, de tout mon être, j'ai eu la certitude de remonter à la source. Absolument, impérativement, je devais écrire ces quelques mots pour ne pas les perdre. Je jubilais devant cette phrase qui, lorsque je la regarde maintenant, me réchauffe et me triture à la fois. J'ai l'impression d'avoir tout dit et de n'avoir rien dit.

Le chaos, d'un point de vue scientifique de base, c'est le désordre complet, inexplicable et imprévisible, duquel a émergé, et émerge encore, tout un paquet de données quantifiables, calculables et contradictoires.

La Vérité, philosophiquement, spirituellement et mentalement, c'est ce qui nous fait douter de nos certitudes. La Vérité, c'est ce qui nous dérange, nous désarme, nous désorganise et, surtout, nous met en marche. Un roc solide pour construire sa maison sur une plaque tectonique toujours en mouvement. La Vérité et sa recherche nous déstabilisent.

Bien sûr, elle est aussi rassurante, mais seulement pour un temps. Celui qui s'accroche trop fermement à une vérité tombera dans l'erreur, chose qui n'est pas nécessairement mauvaise. L'erreur n'est pas une faute. L'erreur est vraie. À répétition, elle nous éduque. Si on le veut bien, comme de raison. Quand nous sommes en recherche, nous avançons à tâtons. Lorsque nous guidons la recherche des autres, il n'est pas rare de devenir tatillons, de vouloir leur éviter nos douleurs. C'est une erreur.

Mais ça, c'est un autre sujet, qui nous éloigne chaotiquement de la vérité et du musée de l'Art brut, ce musée dans lequel les fous de nos asiles deviennent des artistes dominants qui réussissent à nous faire goûter l'oppression qu'ils ressentent devant les vides, les trop-pleins ou les trop-pleins de vides de notre société. Au contact de leur folie, je me suis senti si vulnérable. Les bras croisés sur mon ventre n'étaient plus une protection contre l'extérieur. Ils étaient là pour m'empêcher de me répandre.

C'est dans cet état que j'ai commencé à m'ouvrir à Karine, tout en réécoutant pour la 1 000e fois les phrases de Dubuffet, fondateur du musée, qui nous étaient passées en boucle éternelle dans les haut-parleurs. J'aurais dû noter une de ces phrases, qui fut l'élément déclencheur de mon orgasme. Elle nous demandait à peu près ceci : « N'y a-t-il plus de place dans notre société que pour l'éducationnel rationnel? Ne pourrait-on pas, une fois, et pourquoi pas une fois pour toutes, cesser la recherche de la vérité pour se laisser aller… » à je ne sais plus quoi, mais qui frôlait le chaos.

Les oreilles saturées par cette phrase, les yeux hypnotisés par un art brut et le corps sur le point de se démembrer, j'ai balbutié : « La Vérité, c'est peut-être le chaos. » Dubuffet se trompait en voulant opposer le chaos à la Vérité. En fait, c'est le chaos qui est à l'origine de tout. De plus, chaque fois qu'il apparaît dans nos vies, c'est signe de renouvellement.

Ce qu'il y a de surprenant dans tout cela pour l'Occidental cartésien que je suis, c'est que le chaos est, par définition, incompréhensible et imprévisible. Moi qui cherche à approfondir et à comprendre, mais aussi à prévoir et à contrôler autant que possible mon horaire ou ma vie, voilà que je dois admettre que la Vérité fondamentale est insaisissable. Le perpétuel mouvement dont elle est imprégnée est irrationnel.

Étrangement, cela ne semble pas frustrer mon cerveau. Au contraire. J'ai l'impression que ma pensée et mon intelligence sont heureuses de pouvoir se mettre en mode contemplation. Évidemment, il est facile pour moi d'admirer le chaos alors que tout est calme dans ma vie. Aurai-je la sagesse de garder mon calme dans la tempête, assuré de la cohérence de la vie qui émergera de mes bordels? Peut-être.

Une chose est sûre, c'est que je dois profiter de mes accalmies pour m'imprégner de cette constante : la Vérité originelle, c'est le chaos. La vérité première, c'est que du chaos émerge un ordre d'une précision méticuleuse. Et la vérité secondaire, c'est qu'il existe un paquet de vérités tertiaires dont nous n'aurons jamais fini de faire le tour, et qui, à chaque nouvelle découverte, nous rapproche de l'originelle.

Spiritualité

À la question « Qu'est-ce que la vérité? », Jésus n'a pas su répondre. Partout ailleurs, dans les évangiles, il avait toujours eu le dernier mot. Mais là, non. Rien. Il est bouché. Évidemment, les théologiens se sont empressés de nous expliquer ce silence laissé par les évangélistes : Jésus se désignait lui-même; la Vérité, c'était le don de sa vie; il était lui-même le Chemin, la Vérité et la Vie; etc.

Néanmoins, si pendant un instant, on se disait que, tout à coup, devant le char de marde qui lui tombe sur la tête, Jésus ne sait plus. Il ne rétorque rien, car il n'a rien à dire. Il ne sait pas, ou ne sait plus, ce qu'est la vérité. Peut-on s'imaginer que le vrai Jésus n'avait pas la réponse à toutes les questions? Moi, oui. Est-ce que je le rapetisse? Je crois qu'il est allé beaucoup plus bas que ça lui-même!

Voilà pourquoi je peux interpréter son silence comme étant un vrai silence. Un vrai « Aaah pis fuck! J'el sé pu. » Il était au cœur de la débandade, là même où toutes les vérités qu'il avait pu énoncer et annoncer l'avaient mené : au cœur du chaos, dans une nuit noire et explosive, d'une violence redoutable. Le chaos ravageur, le chaos dévastateur, le chaos créateur. Totalement à l'encontre de notre logique de survie, protectrice et fragilisante. Mais la vérité n'est pas logique.

De : Karine
Envoyé : 5 juillet 2005 09:33:07
Objet : Ataboy

Salut les Québécois de souche ou de greffe!

Qui l'eût cru? On est en Autriche. J'aurais jamais cru mettre les pieds icitte un jour! Lorsque je suis chez un étranger ou chez des amis, je me dis sans cesse : je suis dans une maison autrichienne, de style autrichien, habitée par des Autrichiens... Le style archi-tectural autrichien me plaît énormément. Chaque villageois a accès à un génie-architecte-attitré-au-village qu'il peut consulter avant de peindre sa maison. L'architecte lui présente donc une palette de couleurs qui s'harmonisent avec les autres maisons du village. Imaginez l'harmonie totale! Pis ce qui est étonnant, c'est que les maisons revêtent des couleurs pastel. Mais c'est carré-ment magnifique en contraste avec le vert profond des montagnes et le bleu criant du ciel! Et le paysage... Des montagnes à perte de vue. Du roc râpeux suivi d'alpes couvertes d'arbres.

Notre passage en Europe nous en apprend beaucoup sur la condi-tion humaine en Occident. Dans chaque pays que nous visitons, on nous raconte l'époque de la guerre, comment ça s'est passé dans le pays, quelles furent les blessures familiales, comment fonctionnait un groupe de la Résistance aux Pays-Bas, les trous où les gens se cachaient lors des bombardements en Autriche... Ça permet de comprendre le peuple, la lourdeur qui pèse sur certaines personnes qui portent le poids du passé. Des images gravées à jamais dans leur mémoire et les images racontées par leurs parents. Mais j'ai cette drôle d'impression que, lorsque les survivants de la guerre, ceux qui ont vraiment vécu la guerre, seront tous disparus, les générations suivantes, dépourvues de témoignages réels, risqueront de replonger dans la même erreur.

Nous avons rencontré un groupe de jeunes sur la brosse, vêtus en vêtements d'époque qui chantaient ardemment de joyeux airs en allemand. C'était comique à voir! Et, soudainement, ma copine autrichienne m'a pris le bras, me signifiant qu'il valait mieux se retirer. Une fois à l'écart, elle m'expliqua que ces jeunes étudiants (hautement étudiants) portaient des propos nazis dans leurs joyeux airs. MY GOD! J'aurais jamais cru! Des jeunes « vierges de la guerre » qui prennent la relève? Des gars éduqués qui s'affirment haut et fort. Qui n'ont pas peur de leurs mots (quand ils sont regroupés, à tout le moins). Ben je peux vous jurer que ça fait grincer des dents et ça révolte les viscères.

À un niveau plus quotidien, en voyageant de famille en famille, nous nous insérons dans diverses situations familiales et financières qui nous en apprennent beaucoup sur les joies et les épreuves. Un couple qui attend son premier bébé, un homme divorcé qui n'a plus de contact avec ses enfants, un père de famille qui perd son emploi alors que sa femme est enceinte, l'arrivée du premier nouveau-né, les enfants qui partent de la maison, les parents qui perdent le contrôle de leurs enfants, des gens qui vivent richement, d'autres qui vivent à un sou près... Tout cela, je le vis avec eux.

SECTION *MELTING POT* :

Saviez-vous que le grand et fort Arnold SCHWARZZZENNEGUEARD est l'Autrichien le mieux connu internationalement? Après Mozart (et Hitler), bien sûr! En 15 minutes, nous avons visité le musée Arnold SCHWARZZZENNEGUEARD et nous avons vu ses altères. Génial? Non!

Nous sommes présentement à Vienne. Chouette ville. Cet après-midi, nous allons visiter un musée où se trouvent les œuvres de Gustav Klimt. Musée hautement recommandé par une amie. Artiste hautement apprécié par moi-même!

On prend l'avion dimanche matin pour Copenhague. AYAYOU!

Karine (et son hautement recommandé époux)

SVP, ayez une petite prière pour mon ami Aimer qui est présentement à l'hôpital et qui « arrive au bout » comme il dit...

Choc*culturel

Nous voici dans un bar café de la « Vienne maganée », heureusement tranquille. Je n'avais jamais rencontré autant de « finis » dans une ville. Les détails de l'architecture sont d'une grande finesse, les poignées de porte sont d'une finition remarquable et les héroïnomanes et Cie sont complètement finis.

Ça faisait longtemps qu'on n'avait pas vu une ville où la droite politique n'avait pas fait un nettoyage complet. À Paris, la ville a complètement changé en dix ans. Je ne sais pas ce qu'ils ont fait avec les quêteux. À croire qu'ils les ont désintégrés. En mettant des caméras partout, ils les ont transformés en pellicules, puis ils ont soufflé un bon coup.

Ici, les *fuckés* de la vie sont encore bien vivants, quoiqu'un peu zombies parfois. Personnellement, ça me rappelle continuellement les ravages des deux guerres mondiales, et je pense beaucoup à la Pologne. Ça doit être spécial de visiter la Pologne. Les gens doivent porter un lourd passé, qu'ils subliment dans leurs musiques aux parfums mélancoliques et joyeux.

```
Bouchée d'esprit
     « I am looking forward to become
         humus myself, buried naked
       without coffin under a tree on
         my land in Ao Tea Roa¹¹². »
  Hundertwasser, peintre autrichien, dont
     nous avons visité le musée à Vienne,
     qui fut effectivement enterré nu au
         pied d'un arbre de sa propriété.
```

112 « J'aspire à devenir de l'humus, enterré nu et sans cercueil au pied d'un arbre de ma propriété de Ao Tea Roa. »

« Je n'ai pas de RÉER pour mes vieux jours, ni de plan de retraite. »

— Mais alors, que feras-tu quand tu ne pourras plus travailler?

— Je ferai comme le vieux loup qui ne peut plus chasser. Je mourrai. C'est quand même pas la fin du monde! »

Choc*culturel

Nous n'y sommes que pour quelques heures, le temps de prendre l'avion, mais je remarque que la Slovaquie est un pays bien retardé par rapport aux Pays-Bas. À preuve, ils acceptent encore de nous redonner de l'eau chaude pour réchauffer notre poche de thé. Gratis! Quels arriérés! Merci à notre civilisation civilisée et avant-gardiste d'avoir mis fin à la distribution gratuite d'une tasse d'eau chaude[113].

---

113 Le lecteur non averti sera fier des progrès de notre société moderne et ne voudra jamais mettre les pieds en Slovaquie. Si un tel lecteur existe, je le remercie, car il me donne l'occasion de mettre quelque chose bien au clair : j'ai appris au cours de ce voyage la définition de l'ironie : « Manière de se moquer en disant le contraire de ce qu'on veut faire entendre. » Voilà. C'était une grande joie pour moi que de m'imaginer que des gens pourraient prendre au pied de la lettre ce que je venais d'écrire.

De : Rémy
Envoyé : 13 juillet 2005 12:51:16
Objet : Des kilos

On en a fait des kilomètres! Quelques centimètres à peine sur un globe terrestre, mais combien d'heures de route! J'ai les jambes en compote et les genoux bien amochés, mais c'est pas grave!

Après Graz et Vienne, en Autriche, nous voici maintenant à Copenhague, au Danemark. Ça commence à être intéressant d'avoir vu autant de capitales et de grandes villes et de pouvoir comparer et comprendre une partie des aspirations d'un peuple à travers son architecture.

Ici, les rues ne sont pas larges, elles sont vastes! Bordées de chaque côté par de vieux immeubles magnifiques, à peu près tous de la même hauteur. Tout est propre et tout roule carré. Les piétons attendent bien sagement au feu rouge. Les vélos roulent continuellement du bon côté de la rue. Les parcs de la ville sont moitié sauvages moitié ordonnés et les femmes en bikini parsèment les verts gazons des cimetières.

Ici, il y a aussi monsieur Martin, sa charmante épouse Anette et leur fille Léa (pour ceux qui ne les connaissent pas, dites-vous seulement que vous manquez quelque chose!). Ils nous accueillent aimablement dans leur grand 2 et demi et nous bichonnent de mille et une petites attentions. C'est qu'ils ne reçoivent pas souvent de la visite d'outre-mer! C'est la deuxième fois en 7 ans qu'ils ont de la visite de chez nous.

Profitez de la vie pour être heureux! Nous, on ne sait plus faire autre chose et on trouve ça pas pire!

rémy

xxy

Spiritualité

Hier, on a visité des tombeaux. De grosses roches enterrées par une motte de terre recouverte de gazon pour les chefs de clan des temps anciens ou de somptueux tombeaux dans la cathédrale de Roskilde pour les rois du Danemark. C'est tout de même impressionnant ce désir de marquer la mort, d'être remarqué dans la mort.

La grosseur des tombeaux n'est pas directement liée à la splendeur du règne. C'est même parfois assez inversement proportionnel! Le désir d'être reconnu nous a laissé en héritage des designs impressionnants pour des rois de passage. Je ne sais pas si notre âme se retrouve enfermée dans cette lourdeur. J'espère pour eux (et pour moi) qu'elle s'en fout éperdument.

Choc*culturel

À Copenhague, le monokini est étrangement fréquent, chose que je ne m'imaginais pas dans un pays nordique. Évidemment, mes yeux sont attirés par tous ces corps à moitié nus, mais j'en arrive à cette conclusion : à 99,9 %, les plus beaux seins sont encore ceux qu'on ne voit pas.

CHRONIQUE D'UN HOMME CHRONIQUE

Julie part pour un troisième enfant alors que, pour Isabelle, il est déjà en route. Martine, quelques mois à peine après sa première, parle d'une deuxième, tout comme Marie-Hélène. La Bonin a aussi son petit bonheur et G.G. en a déjà deux. Et Karine? Hier soir, elle s'est couchée traumatisée par toutes ces bonnes nouvelles, en ayant l'impression d'être complètement « *out of the game* ». Non seulement parce qu'elle n'a pas d'enfant, mais aussi parce qu'elle n'a pas le goût d'en avoir (« pour l'instant », se croit-on toujours obligés de rajouter).

De me faire dire « Toutes mes amies en ont un, pis pas moi » par une femme cajoleuse, ça ne veut pas dire « Rémy, fais-m'en un », mais ça sonne un peu pareil! Je ne me suis pas endormi avant une heure du matin. Tellement de projets, de désirs, de rêves… Faut-il me mettre en suspens pour donner la vie à un enfant? C'est apparemment une expérience magnifique. Je constate surtout que c'est une parenthèse. Martin n'existe plus quand Léa est là. Il est le père de Léa. Est-ce une nouvelle raison de vivre qui bouffe toutes les autres?

Que faire de toutes mes valeurs? De la simplicité volontaire? Suis-je assez fort pour résister à la pression d'un enfant qui braille en public, des petits amis qui insistent ou rejettent, des grands-parents qui veulent absolument gâter le p'tit dernier, des pubs idiotes et d'une société qui a donné aux enfants la clef du portefeuille de leurs parents? J'ai déjà à me battre contre le bourgeois que je suis et ça me semble suffisant.

Et m'inquiéter tout le temps… Parce que, malgré tous mes désirs de laisser-aller, je suis aussi un « inquiéteux ». L'autre jour, j'ai eu de la misère à laisser Karine 6 km en arrière de moi à vélo. Comme si elle n'était pas une adulte. Comme si ça ne faisait pas vingt ans qu'elle fait du vélo. Comme si elle n'était pas capable de demander son chemin à quelqu'un si elle s'égarait. Comme si elle allait nécessairement se perdre, se faire frapper par un char et attaquer par un chien fou. Comme si l'homme en moi se sentait responsable et protecteur. Protecteur surtout. Surprotecteur probablement.

Fait chier.

Comme il n'y a rien de plus beau qu'un enfant, vieillir est une honte, presque un tabou que l'on doit cacher. Il n'est pas rare d'entendre des lèvres ridées nous dire : « Tu peux me dire tu »; « La jeunesse, c'est dans le cœur »; « Il y a des jeunes qui sont plus vieux que moi. » N'importe quoi! La société occidentale a confondu la sagesse de l'âge avec l'innocence de l'enfance. C'est nul.

Spiritualité

Hier soir, assis dans la garnotte de l'entrée de notre famille d'accueil, avec une petite chatte grise entre les jambes, j'ai miré le couché de soleil en silence. Peu avant, je m'étais excusé auprès de Karine pour mes impatiences. En effet, j'avais vécu toute cette journée avec une boule au ventre et une perpétuelle impression de harassement.

De son côté, c'est à peine si elle s'en était rendu compte. Comme quoi, la spiritualité du canard est toujours bien en place[114]. Calme à l'extérieur, bouillonnant à l'intérieur. Comme un volcan ou une planète. Peut-on dire que la Terre nous cache sa vraie personnalité parce que sous ses parures de toutes sortes et sous un épais manteau se cache un feu qui la dévorerait tout rond? Absolument pas.

---

114 Le lecteur attentif ne laissera pas passer cette expression sans demander : « Mais qu'est-ce que la spiritualité du canard? » Cher lecteur attentif, c'est un plaisir pour moi de faire honneur à ma source. Cette expression me vient de sœur Véra, russe, orthodoxe et fort sympathique. Au cours d'une conversation de couloir, elle m'a dit : « Quand on regarde un canard sur l'eau, on le voit glisser silencieusement, paisible-ment. Mais quand on met la caméra sous l'eau, on se rend compte que les pattes sont frénétiquement en mouvement! Il y a des gens qui sont comme ça. »

Quand il fait moins 30 °C, je sors le foulard et les combines. Quand il fait 30°, je dégouline en maillot de bain. Mon « déguisement » change selon les circonstances. Il est donc normal et souhaitable que j'aie plusieurs revêtements selon les gens que je rencontre. Le tout est de savoir lequel porter à quel moment. Il est certain qu'avec le linge, c'est plus facile. On réalise assez vite si on a trop chaud ou trop froid. En ce qui concerne les attitudes, c'est plus subtil. Il est plus difficile de savoir si je porte le masque adapté à la température des masques des autres.

Quand on dit : « Connais-toi toi-même », ça ne veut pas dire « Enlève tous tes masques », mais plutôt « Connais bien ta garde-robe de masques et sache les utiliser au bon moment ». Et puis, il y a toujours des surprises : « Ah! J'me souvenais pas qu'j'avais ça! Cool! », ou encore « Aaaaah! Le vieux chandail que j'portais à 18 ans! » et qu'on remet, comme ça, un soir, question de se souvenir de nous.

Ainsi donc, nos masques et nos déguisements font partie de nous. Nous les choisissons en fonction de ce que nous sommes. Cette projection de « ce que nous aimerions être » est en fait directement connectée à nos désirs profonds, qui, eux-mêmes, réagissent à de vieux encouragements ou à de vieilles blessures.

De : Rémy
Envoyé : 2 août 2005 15:54:36
Objet : Haaaaaaaaa!

Anecdote. À quand remonte la dernière fois où vous avez eu l'impression d'être à la bonne place au bon moment? Nous, c'était il y a deux jours. Nous étions dans le sud du Danemark et nous cherchions notre prochaine famille d'accueil en Hollande. Nous étions prêts à partir sur le pouce, le dimanche matin assez tôt, pour attaquer une route difficile pour les pouceux. 600 km de routes secondaires ou presque.

Enfin bref... Je téléphone à une première famille d'accueil. « Désolé, on ne peut pas vous recevoir demain, on part en vacances. » OK. Bonnes vacances. J'appelle une deuxième famille d'accueil. Répondeur. J'appelle une troisième famille d'accueil. Théâtre :

Madame : Vous accueillir demain? Pas de problème!

Moi : Peut-être qu'on va arriver juste après demain parce qu'on fait du pouce depuis le sud du Danemark.

Madame : Vous êtes au Danemark?

Moi : Oui.

Madame : Ben mon mari est là-bas justement, chez mon frère. Il revient demain. Il peut vous embarquer si vous voulez!

Houaaaaaaaaa! On était stupéfaits. Un petit velours qui vient nous confirmer que ça roule encore, qu'on a encore notre place sur la route, à un moment où on commençait à être vraiment tannés de voyager. Le premier septembre, dans moins d'un mois, on est revenus à la maison! En attendant, je vous dis à bientôt et à très bientôt pour ceux qui s'en viennent aux Journées mondiales de la jeunesse!!

rémy

xxy

De : Karine
Envoyé : 2 août 2005 16:06:46
Objet : Ou suis-je?

Je suis quelque part en Europe, pas trop loin du Danemark et de l'Allemagne. Je suis de retour en Hollande, mais je suis encore un peu en Inde, un peu partout en Europe et je commence à sentir le Québec en moi. Un beau p'tit mélange! Je suis crevée!

Mais maudit qu'j'aime la Hollande! C'est un vrai p'tit bijoux! Nous sommes dans le nord à Gronengen. C'est un coin moins riche et moins touristique qu'Amsterdam (évidemment!), mais combien charmant! Je préfère l'atmosphère de cette ville à celle d'Amsterdam, et je vous souligne que j'ai eu le coup de foudre amsterdamois!

Ici, c'est plus « normal ». Les gens sont plus simples et tout n'est pas parfait. Les bateaux sont moins luxueux, par exemple, mais patentés avec beaucoup de créativité et de bon goût. Certaines personnes vivent à l'année dans leur bateau. C'est leur maison! C'est génial!

Alors la Hollande, je la recommande à tous mes amis!

Bye-bye les poussineaux et les poussinnettes

Karine

Me voici réveillé et mon cerveau bouillonne. Nous avons vu hier *Interview*, un film de Theo Van Gogh. Le film est sans contredit excellent. Deux personnages, un décor d'appartement et du *dutch* sous-titré en anglais ont réussi à capter mon attention et à me surprendre pendant 88 minutes. Félicitations.

Le réalisateur ayant été assassiné l'année dernière[115] pour avoir offusqué le Coran, la discussion a bien évidemment tourné autour de l'extrémisme dans l'islam, le christianisme et l'hindouisme. Comment réagir? Comment trouver la pomme pourrie? C'est un verger tout entier qui semble malade et infesté de vers.

Fruits de mon bouillonnement :

A. J'affirme la nécessité d'une loi canadienne précisant la place de la religion, affirmant la suprématie de la Charte et de la Constitution canadienne sur tous les livres sacrés. J'ajouterais une interdiction de créer un parti politique clairement identifié à une religion ou à une race. Pas de parti social-chrétien, ou de parti arabes unis. Seuls les noms du pays ou des provinces pourraient être utilisés comme référence raciale.

B. En aucun cas, la liberté religieuse et le respect des règles d'une religion telles que vécues dans un autre pays ne peuvent ici justifier une entrave à la liberté individuelle de l'homme, de la femme et des enfants, ni justifier ce qui pourrait être perçu comme dangereux pour la sécurité des concitoyens.

C. Aucun livre saint n'est divin.

---

115   Le 2 novembre 2004.

D. Est-ce que quelqu'un pourrait expliquer aux chrétiens que Jésus n'est pas LE sauveur de l'humanité? Aux musulmans que ce n'est pas parce que Mahomet est venu après Jésus qu'il est plus grand ou meilleur que lui?

Est-ce que quelqu'un pourrait expliquer aux krishnas que le mot « christ » est le grec de « *messiah* » et non la réincarnation de Krishna? Aux Témoins de Jéhovah que les évangiles sont eux-mêmes un effort d'inculturation, une « christianisation » des mœurs de l'époque, et que, par conséquent, on s'en fout que Jésus ne soit pas né le 25 décembre?

Est-ce que quelqu'un pourrait expliquer aux juifs qu'ils ne sont pas plus élus que les autres? Aux hommes qui se cherchent une raison de vivre que ce n'est pas en se suicidant pour une cause qu'on trouve la vie?

Et je continuerais pendant des pages. Expliquer la contraception aux chrétiens, l'égalité des femmes aux musulmans, la vocation aux monastères bouddhistes, l'environnementalisme aux hindous et la masturbation à tous les crosseurs de l'humanité.

E. Finalement, est-ce que quelqu'un pourrait me rappeler que je ne suis pas le rédempteur du monde ou la sagesse incarnée et, qu'au rythme où je collectionne moi-même les bêtises, je ferais mieux de me mêler de mes affaires. Comme tout le monde d'ailleurs. Donc, je vais aller réveiller ma charmante épouse en lui bécotant le cou[116].

---

116 Le lecteur québécois aura reconnu ici quelques thèmes ayant marqué l'actualité et se demandera s'il y a une différence entre ce texte et les règles de vie de Hérouxville. Sachez donc, cher lecteur québécois, qu'il existe une différence majeur entre ces deux textes : le mien est écrit par un nomade qui a vécu un an et demi en France, trois mois au Mexique, quelques semaines au Guatemala, et qui vient de passer les dix derniers mois à sillonner les routes de l'Inde et de l'Europe. Pour le reste, il émerge probablement de la même peur.

Choc∗culturel

Traumatisme : je viens de lire les nouvelles de chez nous.

Des musulmans sont terrorisés par la police canadienne parce qu'on les interroge, parce que la police interroge leur(s) femme(s). Terrorisés par les méthodes de la police canadienne qui enquête en posant des questions. Pas de coups de bâton, d'emprisonnement illégal, d'élimination systématique par des escouades nocturnes. Des questions. Harcelantes, certes, mais des questions comme on en poserait dans le cadre de toutes enquêtes. Des questions sans « s'il vous plaît » à la fin.

Dans un autre ordre d'idées, ils sont à la veille de nous prouver que la monogamie est contre la Constitution canadienne[117]. Si on dit « d'accord, mais les femmes aussi ont le droit d'être polygames », ils vont nous répondre : « Pas pour les musulmans, car c'est contre le Coran. » Alors, nous pourrons affirmer que le Coran est anticonstitutionnel et que, par conséquent, aucun droit ne pourra être acquis en son nom.

J'en ai marre des peuples, des religions ou des n'importe quoi qui se posent en victimes perpétuelles. Marre des Québécois qui sont victimes des méchants Canadiens. Marre des Amérindiens qui sont victimes des gringos. Marre des islamistes qui, peu importe où ils sont dans le monde, en Inde, en Europe ou en Amérique, sont toujours victimes de tous ceux qui veulent les empêcher de les dominer. Marre.

Est-ce que c'est ça, le racisme?

---

117   À mon retour au Canada, j'ai appris qu'effectivement des pressions se faisaient pour légaliser la polygamie. Certains groupes d'immigrants, musulmans et autres, mais aussi quelques sectes chrétiennes vivent déjà ouvertement et illégalement la polygamie et voudraient la faire admettre au Canada. Je ne sais que penser.

Citation du jour
« La vie est un combat parsemé de batailles. »

rémy

Bouchée d'esprit
   « *You cannot find peace*
   by avoiding life[118]. »
                              The Hours

---

118   « Tu ne peux pas trouver la paix en évitant la vie. »

« La vie est courte, il faut en profiter au max », me dit une petite voix. « Qu'est-ce que tu penses que je suis en train de faire? » lui réponds-je, assis dans un cimetière du nord de Friezland (Pays-Bas), où je la savoure impatiemment.

Karine fait une sieste. Le ciel est bleu. Les morts sont morts. Dans mon ventre, il y a un sentiment d'urgence doublé d'une nonchalance typique. Trente-trois ans, bientôt trente-quatre (dans dix mois). J'étais cellule et je retournerai cellule. « La vie c'est court, mais c'est long des p'tits bouttes[119]. » (Un pauvre)

Ce matin, je me suis encore surpris à rêver que je remportais le « Gagnant à vie » de Loto-Québec. Moi, l'altermondialiste, contre la société de consommation, voulant lutter pour vivre, qu'est-ce que je serais soulagé si 1 000 $ par semaine tombaient du ciel gouvernemental! Les problèmes d'argent finis à vie! Pour moi, en tout cas. Et après, j'irais prêcher aux gens : « Faites confiance! Prenez ça *relax*! » Je pourrais voyager et écrire. Loto-Québec serait mon mécène. Mais serais-je crédible?

Bouchée d'esprit
    « On est tous des putes. »
                    Jean-Marie Dreux

---

119 LES COLOCS, *Le répondeur.*

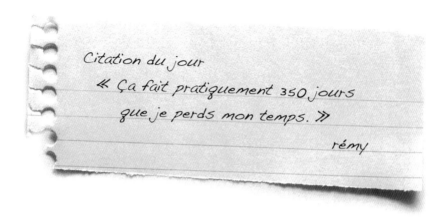

Citation du jour
« Ça fait pratiquement 350 jours
que je perds mon temps. »

rémy

CHRONIQUE D'UN INSOMNIAQUE CHRONIQUE

On a droit à un petit chalet dans le fond de la cour. Nos hôtes nous offrent le gîte pour une semaine. Juste avant la JMJ[120], ça fait du bien. Karine va apprendre à tricoter des bas. Je ne vais rien faire. Rêver. Fuir dans mille et une impossibilités improbables, comme si l'argent n'existait pas ou qu'il me coulait dans les doigts à volonté.

Je rêve d'excentricités et de sautes d'humeur. De m'éclater et d'exploser en profondeur. En fait, je crois que j'ai soif de folie, mais je ne sais pas laquelle. Je voudrais me surprendre moi-même. Donner quelques signes avant-coureurs et paf! Tsunami, raz-de-marée, feu de forêt ou toute autre source de régénération.

---

120 Journées mondiales de la jeunesse, événement rassemblant le pape et quelques centaines de milliers de jeunes qui viennent d'un peu partout. Nous y sommes inscrits en tant que bénévoles.

Qu'est-ce que je suis venu chercher dans ce voyage? Pourquoi avais-je tant besoin de bouger, de changer, de découvrir? Pourquoi suis-je maintenant plus rustre, plus capitaliste, plus égoïste, plus territorial? Moins serviable, moins social, moins religieux, moins motivé? Pourquoi? Pourquoi toujours aussi désireux d'être connu et célèbre, de marquer et d'être remarqué?

Bientôt, je serai vieux et ridé et je regretterai de ne pas avoir eu plus d'audace. Lorsque j'avais vingt ans, j'avais l'impression qu'à trente-cinq ans, je serais plus en mesure de foncer. « Je serai plus mature », me disais-je. Maintenant que je suis dans la trentaine, il me semble que je serai plus solide à cinquante-cinq ou soixante ans. Puis, je regretterai : « Aaaahh… Si j'étais encore jeune! » Mais je ne serai plus jamais jeune. Bientôt, je serai ridé et mou. Que faire? Des enfants, pour leur pousser dans le cul et les encourager à être persévérants, travaillants, ordonnés, disciplinés et libres afin de réussir là où j'aurai failli? *No way.* Alors, quoi? Je me grouille le cul ou quoi?

Concrètement parlant, je risque malheureusement de choisir le « ou quoi ». Je vais revenir à la maison gonflé à bloc, plein de bonne volonté, mais je n'aurai pas la patience et l'ardeur du fœtus. Dans un moment de relâchement, je vais réaliser que je suis en pleine fausse couche. J'aurais envie d'être naïf et de retrouver la pensée magique que je combats depuis des années et que je n'ai jamais réussi à tuer. Elle est magique. Elle a des pouvoirs que je n'ai pas et elle finit toujours par se réincarner sous différentes formes.

De : Rémy
Envoyé : 14 août 2005 19:38:43
Objet : Journées mondiales de la jeunesse

Bonjour à tous!

Nous sommes à Cologne (Allemagne) depuis deux jours. Les jeunes du monde débarquent tranquillement et le pape Béné le seizième arrivera dans quelques jours. Bientôt, nous retrouverons sûrement la délégation de Saint-Hyacinthe, du moins on l'espère. On a 7 heures de bénévolat par jour à faire, mais rien de trop fatiguant.

Cologne, c'est la ville des rois mages. C'est pour cela que le thème des JMJ est : « Ils sont venus l'adorer. » Les rois sont venus, ont adoré et se sont départis d'une partie de leur richesse. J'ai hâte de voir ce qu'il en sera ici.

Au plaisir!

rémy

xxy

Bouchée d'esprit
(qui reste pognée dans la gorge)
« On fait ça simple. On est assez de
prêtres, on n'a pas besoin
de servants de messe. »
     Un prêtre français en col romain,
   alors que nous préparions la messe
      pour quelques milliers de jeunes.
   Voilà qui me prouve encore une fois
      que la pénurie de prêtres est une
      bénédiction pour la vie communau-
      taire et l'implication des laïcs.

Spiritualité

En 1997, aux JMJ de Paris, j'avais goûté une intensité spirituelle indescriptible. Chaleurs, larmes, amour débordant, etc. J'étais à la bonne place au bon moment. Or, il en a été de même depuis. J'ai encore aujourd'hui cette impression d'être là où il faut que je sois, principalement parce que je ne me suis pas arrêté de marcher et que Dieu me guide vers un pays que je ne connais pas.

Cela dit, j'ai bien peur que ce ne soit ma dernière participation aux Journées mondiales de la jeunesse. Entre autres, parce qu'en 10 dix jours à Cologne, je n'ai pas été nourri. Ou plutôt parce que, depuis 10 dix jours, on essaie de me nourrir à la petite cuillère. Les enseignements avaient un goût de prémastiqué et de réchauffé.

En fait, les JMJ sont assurément une entrée savoureuse pour une vie spirituelle intense, mais, par la suite, ça prend du solide. Enfin bref, voici, en quelques mots, mes impressions de ces JMJ 2005 :

A. Benoît XVI est ennuyant, mais au moins il ne provoque pas une vague d'idolâtrie comme JP II. Les gens seront peut-être plus attentifs à son message. Si message il y a. Je ne suis pas convaincu de la pertinence de ce que j'entends jusqu'à maintenant : faire venir les jeunes jusqu'en Allemagne pour leur redire l'importance d'aller à la messe le dimanche...

B. Je constate aussi que la plupart des gens applaudissent sans écouter. C'est le pape qui parle, alors on applaudit. Les autres applaudissent, alors on applaudit. Une foule, ce n'est vraiment pas ce qu'il y a de plus intelligent.

C. Pendant que le pape nous rappelait l'importance de la messe dominicale, dans le grand champ de Marie (*the Marienfield*), nous avons recréé la planète : alors que certains jouaient au base-ball avec des saucisses, d'autres ont manqué de pain. Très nourrissant.

Citation du jour

« Il ne faut pas laisser sans effet la crasse que nous avons reçue. » Saint Paul, selon les oreilles étonnées de Karine. Néanmoins, ça vaut la peine de s'y arrêter. C'est pas con[121].

---

121 La version originale comprenait le mot « grâce » plutôt que « crasse ».

De : Rémy
Envoyé : 23 août 2005 10:55:48
Objet : JMJ : bilan

Ça y est, c'est terminé. Les Journées mondiales de la jeunesse (JMJ) sont finies et mon cœur est soulagé de ne plus avoir à subir le scandale de la surabondance. L'apogée a eu lieu lors de la dernière fin de semaine, sur le Marienfield, où la belle jeunesse a laissé ses offrandes :

a. Matelas gonflables pour 3 $, utilisés une semaine : à la poubelle par centaines;

b. Matelas de sol à 2 $, utilisés une nuit : à la poubelle par centaines;

c. Grandes bâches en plastique d'une valeur de 25 $ au moins et durable pour 15 à 25 ans, utilisées une nuit : à la poubelle par centaines;

d. Cannes de bouffe toutes neuves distribuées gratuitement : à la poubelle par milliers;

e. Pains, saucisses, papiers, banderoles, drapeaux, tentes, sacs de plastique, bouteilles en gros plastiques par dizaines de milliers éparpillées sur 3 kilomètres. On voyait à peine le gazon du Marienfield.

Pendant ce temps, déambulant entre les immondices, de jeunes mages égrainaient leur chapelet pieusement.

Pendant ce temps, après une sainte messe avec le Saint-Père, le saint peuple de Dieu se battait pour entrer dans un train ou un autobus et insultait les bénévoles. Bien sûr, pas tous. D'autres faisaient des chansons pour montrer qu'en bon chrétien, il faut savoir patienter et rester heureux.

Pendant ce temps, le Saint-Père devait prendre un bon dîner pour célébrer ce succès avec plein d'évêques et de cardinaux, tous repartis en voiture sans avoir à toucher le volant. Ils ressemblaient plus aux rois mages en caravane qu'au Jésus de la crèche.

« C'est fini, nous a-t-on dit à la fête des bénévoles, et grâce à vous, tout s'est bien déroulé. Vous avez été les chameaux de cette JMJ. Les sourires des pèlerins furent votre plus grand salaire. Pour fêter ça, on va faire une (autre) messe » (et encore des cochonneries, aurait-on dû rajouter).

BULLSHIT et discours préparé à l'avance. On occulte complètement tous les moments de frustrations, les files d'attente
interminables, les bousculades, toutes les engueulades qui ont eu
lieu devant nous, tous les bris de matériel pour *le fun* et, surtout,
tout le gaspillage.

Vrai que les assiettes et les ustensiles en farine de maïs sont bio-
dégradables, vrai que nous avons pu réutiliser notre bouteille d'eau
à volonté. Mais bâtard!! avez-vous vu la chaîne de montagnes de
déchets!! Les gens se conduisaient comme des sauvages primitifs
tout droit sortis d'une guerre nucléaire. Ils avaient accès à de la
nourriture, ils en prenaient pour 5 et en jetaient pour 4. Pendant
ce temps, sur le même terrain, certains ont manqué de pain.

Mais tout le monde est content. On a tous fait nos rois mages :
on est repartis en laissant quelques choses derrière nous et on
nous a renvoyés par d'autres chemins pour construire un monde
différent... Et c'est la même chose année après année. Mais
cette fois, c'est fini pour moi. Plus jamais je ne participerai aux
Journées mondiales du jetable (JMJ).

rémy

PS tendresse : Dans moins de dix jours, on est dans vos bras!

Spiritualité douteuse

Karine et moi avons eu hier une discussion débridée sur la mode. Bien sûr, en tant qu'altermondialistes, nous la regardons de haut. Nous déplorons tous les derniers gadgets qui réussissent à être rentables sur un coup de pub et qui se retrouvent aussi vite à la poubelle, ainsi que les modes vestimentaires qui décident des couleurs et des goûts des gens, qu'ils soient punks ou preppis.

Néanmoins, nous nous sommes demandé : « Veux-tu ben m'dire quand est-ce que la mode a commencé? » En remontant l'échelle du temps, force nous a été d'avouer que la mode est née tout juste après l'être humain. Dès le premier tout-nu qui a eu l'idée de se servir d'une fourrure pour se cacher du froid, la mode était lancée. La mode, c'est un mouvement initiateur et créateur.

« Un mouvement initiateur et créateur… Mais alors, Dieu lui-même ne serait-il pas la Mode? », nous sommes-nous exclamés sous l'emprise du délire. Quand Dieu a commencé à exister, il a alors lancé une grande mode. Il fut le premier designer, et de son imagination folle ont émergé mille et un agencements de formes et de couleurs. Beauté et laideur étaient créées égales et sans discrimination.

Encore aujourd'hui, la mode part dans toutes les directions. Suivre une mode est inscrit au plus profond de nous. En fait, singer les autres est inné et nous permet d'acquérir tout le reste. La mode est donc à l'origine de tout. La mode, c'est Dieu. (Et Dieu est à la mode ces temps-ci.) La mode est éternelle!

N'importe quoi!

CHRONIQUE D'UN INSOMNIAQUE CHRONIQUE

Statistiquement parlant, un enfant, c'est quelques centaines de milliers de dollars dépensés entre 0 et 18 ans. Voilà pourquoi nous devons produire. Les enfants sont comptabilisés. Pour perpétuer la race économique, nous devons enfanter.

Être enceinte revient à la mode, sous le couvert d'un retour aux sources et à la beauté d'une nouvelle naissance. Ça, c'est la façade. Ce qu'il y a derrière oscille entre le désir d'être seul à dominer le monde et la nécessité de voir des gens consommer pour pouvoir asseoir son pouvoir.

Citation du jour

« Vous êtes-vous déjà intéressé à la
face cachée de la Une? » Karine et rémy

Il y avait longtemps que je n'avais pas regardé la télé. Hier soir, grâce à TV5, je me suis remis à jour. En une heure, j'ai eu droit à un merveilleux résumé des courses au pétrole et au pouvoir qui sous-tendent les relations de cette planète.

Les empires économiques sont au-dessus de tout. C'est ce qu'on appelle probablement la cour des grands. Quand on voit les sommes astronomiques qui sont investies dans un pipeline, dans les sables bitumineux ou dans le forage, on comprend pourquoi M. Bush est président des États-Unis, pourquoi les États-Unis sont rentrés en Irak, pourquoi Poutine est imprévisible, etc.

Des milliards et des milliards de dollars sont en jeux. Alors, quand un inventeur se lève et dit : « Moi je peux faire avancer un char avec presque rien », il reçoit un chèque et l'horaire de ses enfants. Et quand un plouc vient proposer que le Québec ou le Canada puisse être le premier pays au monde à vivre sans pétrole, j'imagine qu'il ne reçoit rien.

Qu'est-ce qui m'a le plus bouleversé? De voir en une demi-heure l'ampleur mondiale de la froide guerre pétrolière ou alors de me faire tout à coup harceler par des publicités stupides? Tout d'abord, Vigor inc. qui veut déboucher mes tuyaux, puis WC inc. qui veut me convaincre que ça sent vraiment mauvais dans mon lave-vaisselle et que le bonheur est contenu dans une pastille à l'odeur de fraîcheur printanière artificielle.

Pendant une demi-heure, j'ai eu droit à de la télé intelligente, mais ce n'était apparemment que pour me ramollir le cerveau. Perplexe et surpris de réapprendre ce que nous savons tous déjà un peu, légèrement inquiété par toutes ces tensions

internationales, j'étais apparemment devenu un terrain fertile pour que des compagnies investissent afin de me vendre
leur inutilité polluante. C'est comme s'ils venaient consoler
mon cerveau, profiter de mon état d'inquiétude pour me
rassurer avec de beaux sourires.

Pendant la demi-heure suivante, ce fut au tour du bulletin de
nouvelles de me rappeler que les États-Unis perfectionnent
encore la bombe atomique, que l'Iran est décidé à produire
des déchets nucléaires et que, quelque part au-dessus de
nos têtes, des femmes et des hommes apprivoisent l'espace.
Décidément...

En une heure, j'ai entendu les expressions « course au
pétrole », « course au nucléaire » et « course aux étoiles ».
Heureusement qu'on vit dans une période de paix, parce
que sinon, on pourrait parler de « guerre du pétrole », de
« guerre nucléaire » et de « guerre des étoiles ».

La terre tourne, tout le monde le sait. L'économie roule, tout
le monde le sait. Mais on ne s'en rend pas souvent compte.
On ne veut pas vraiment savoir. Vieillir est déjà assez inquié-
tant comme ça. Alors, aussi bien en profiter pendant que je
peux encore bander. Et quand ça sera bouché, je prendrai
une bonne gorgée de Vigor pour me débloquer le tuyau.
Sacré Vigor! Il est revenu me voir après les nouvelles pour
me rappeler que le bonheur existe encore.

Bouchée d'esprit indigeste
« Il y a beaucoup de façons de parler
de la télévision, mais dans une
perspective "business",
soyons réalistes : à la base,
le métier de TF1, c'est d'aider
Coca-Cola, par exemple, à vendre son
produit. Or, pour qu'un message
publicitaire soit perçu, il faut que
le cerveau du téléspectateur soit
disponible. Nos émissions ont pour
vocation de le rendre disponible;
c'est-à-dire de le divertir, de le
détendre pour le préparer entre deux
messages. Ce que nous vendons à
Coca-Cola, c'est du temps de
cerveau humain disponible[122]. »

Patrick Le Lay

Choc∗culturel

Décidément, ça ne s'améliore pas. Nous vivons dans une société qui nous publicise qu'il vaut mieux manger une barre tendre aux pommes (82 kJ) qu'une pomme (100 kJ). C'est moins engraissant! N'importe quoi! Il y a vraiment des fois où je me dis que je devrais chercher à encourager au maximum l'exploitation, la pollution et la bêtise humaine, car ce n'est que lorsque tout explosera que nous réagirons.

---

122 Extrait des propos de Patrick Le Lay dans *Les dirigeants face au changement*, Paris, Les Éditions du Huitième Jour, mai 2004.

Alors, si je veux que ça change, il faut que moi aussi j'achète un quatre roues motrices pour monter la côte de Saint-Hyacinthe, que j'arrose mon asphalte, que je prenne tout chez Wal-Mart, que je n'achète que *made in Asia*, que je traite les musulmans de fascistes, que je sois partisan des caméras partout, de la rétinologie pour payer son épicerie et des plages artificielles intérieures, et pour la surpêche industrielle et le suremballage. Tout ça sans oublier l'air conditionné partout, tout le temps, pour bien réchauffer la planète. Que toutt pète au plus Christ, pis que le sentiment d'urgence nous transforme en bête ou en humain, mais pas dans cette espèce d'entre-deux, de faux cyborg, de faux homme libre.

Bouchée d'esprit
    « Après avoir été SDF[123] pendant
    un an à Paris, j'ai compris que
    la chose la plus importante sur
    cette terre, c'est l'argent que tu
    as maintenant, dans tes poches. »
                Étienne, vieux schnock

_____

123   SDF : sans domicile fixe, itinérant, dans la rue, etc.

Jusqu'à tout dernièrement existait encore en Inde un système de castes qui, au fil des siècles, a imprégné une certaine résignation heureuse chez les plus pauvres. Pour faire un parallèle avec ce que nous connaissons un peu mieux, je pourrais comparer avec le temps des seigneuries : par la naissance, quelqu'un était noble ou rien du tout. Et gare à celui qui aurait voulu perturber cet ordre naturel établi par Dieu lui-même! Dans un cas comme dans l'autre, on justifiait la pauvreté par la spiritualité, par les gains acquis pour l'au-delà ou la prochaine vie.

Heureusement, nous disons-nous, il y a déjà longtemps que nous avons mis fin à cette tyrannie. Illusion! Le système de castes existe encore chez nous. Quand est-ce que j'ai monté à cheval avec les riches? Quand est-ce que je suis allé *sniffer* du gaz avec les pauvres? Jamais. Je suis de caste petite bourgeoisie et j'y suis resté. Je n'ai jamais mis les pieds dans un bar où il faut payer 25 $ juste pour franchir la porte. Par contre, j'ai déjà payé 5 $.

Je dois tout de même admettre une légère bonification : l'*american dream*. Un pauvre tout-nu qui n'est pas content de se soumettre peut effectivement devenir riche et puissant. Cependant, il ne faut pas oublier que nous avons aussi l'autre côté de la médaille : l'*american nightmare*. Un riche peut tout perdre du jour au lendemain et se retrouver à la rue, parce qu'un *american dream* l'aura avalé et chié au passage.

Vaincre ou mourir.

Choc⋆culturel

Il m'arrive parfois de vouloir monter plus haut que l'escalier. Je monte machinalement les marches et, après la dernière, mon cerveau est encore convaincu qu'il en reste une. Ma jambe s'élève, se pose dans le vide et tente de me soulever. Arrive alors simultanément la surprise et la peur, le déséquilibre physique et hormonal, le vertige et la chute vertigineuse qui se termine 25 cm plus bas.

J'ai aussi expérimenté quelque chose de similaire en descendant les escaliers alors que, convaincu qu'il me reste une marche à descendre, mon pied heurte le sol plus vite que prévu dans ma réalité. S'enchaînent alors une suite de convulsions et de pertes d'équilibre, dans un grand mouvement interne de surprise et de recul.

Le choc culturel, c'est ça. Un escalier dans lequel il manque une marche. Combien de fois depuis le début de ce voyage ai-je vu mes appuis disparaître? Combien de fois n'ai-je pas pu descendre aussi profondément que je l'aurais voulu? « Pfuuu… Au moins dix fois », réponds-je banalement.

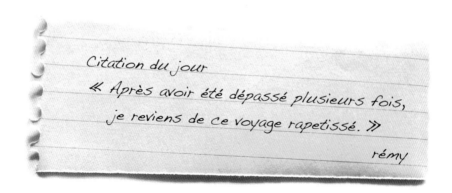

Citation du jour

« Après avoir été dépassé plusieurs fois, je reviens de ce voyage rapetissé. »

rémy

Essentielle errance…

Nous voici dans l'avion. Hier, j'ai fait état à nos hôtes des fruits de ce voyage. J'aurais aimé pouvoir enregistrer ce que je disais. Mes mots étaient justes et tranchants. Mes sarcasmes étaient drôles et froids.

Oui, ce voyage m'a changé. J'ai vu l'homme dans toute son humanité, et ça m'a saoulé jusqu'à l'indifférence. Je ne suis plus sûr d'avoir faim et soif de justice, car je ne sais plus ce qu'est la justice. « Tous les êtres humains sont égaux » et « le plus petit aussi fort que le plus gros », est-ce ça, la justice? Ben non. C'est justice quand le plus fort avale le plus petit. C'est normal.

Et on y participe tous. Même ma mère, qui s'indignerait chrétiennement de mes paroles. Notre sécurité et notre émancipation sont incontestablement construites sur le dos des autres. Le système économique est manifestement plus important que l'être humain. Notre confort est assurément plus important que nous.

L'Union européenne se scandalise : « Un être humain sur cinq vit avec moins d'un euro par jour. » Un milliard de personnes qui ne peuvent pas consommer! Nous devons leur donner les moyens de produire et d'acheter ce que nous voudrons bien leur vendre. Combien de temps encore allons-nous laisser tout ce marché inexploité?

« Un être humain sur six n'a pas accès à l'eau potable », s'indigne encore l'Union européenne. Imaginez quand ils auront assez d'argent pour s'acheter des bouteilles d'eau : on va pouvoir vider nos Grands Lacs, ça va être lucratif!

Bouchée d'esprit

« *Yo ya no soy yo*[124]. »

Ernesto Che Guevara,
Diarios de bicycleta

Rêve*zzzz*

Je ne me souviens pas des détails du début. Après tout un va-et-vient, des conflits d'horaires et autres péripéties, je rentre à la maison. Je suis tout joyeux de la victoire du Canada en coupe du monde de hockey junior, mais on me fait signe de me taire. Un enfant est mort. Chez nous n'est plus chez nous. Il y a plein d'étrangers. Karine est là, et elle m'explique : un couple était censé se marier, mais leur bébé est mort. Je vois qu'on se prépare à mettre l'enfant dans le cercueil. On m'explique ou je m'imagine : le cercueil est plein d'eau et on y plonge le bébé, car il arrive que l'enfant ne soit pas mort et que l'eau froide le réveille.

C'est alors que la « caméra » se déplace. Je vois avec les yeux du bébé. Je vois la lumière et les visages comme lorsqu'on ouvre les yeux sous l'eau. J'imagine un bébé qui se réveille et s'assoit avec une grande inspiration et des pleurs alors que je vois aussi, toujours dans un flou aquatique, la porte du cercueil arriver. Noir.

---

124   « Je ne suis plus moi-même. »

Essentielle errance…

Je suis silencieusement triste. J'ai le mal du pays : une douce mélancolie bien québécoise. Après un an à porter toujours les mêmes bobettes, voilà que je me retrouve dans mes Nitezone. Des *boxers* gris. Gris comme le ciel bleu, gris comme les sourires, gris comme les redécouvertes et les retrouvailles qui me stimulent encore le peu d'adrénaline qui me reste pour ensuite me laisser retomber à plat.

Je suis épuisé, mais ne peux pleurer. Mes larmes s'évaporent au seuil de mes paupières. Tellement de gens encore à voir. Tellement de gens importants. Tellement d'accolades chaleureuses et éphémères. Car, dès le lendemain, c'est fini. La poignée de main reprend sa place entre les corps, alors que mon être réclame un peu de l'Inde et de ce contact physique si facile. Toucher les gens. Se sentir proche, uni. Quel bonheur! Mais je dois me réfugier dans le thé pour trouver ma chaleur.

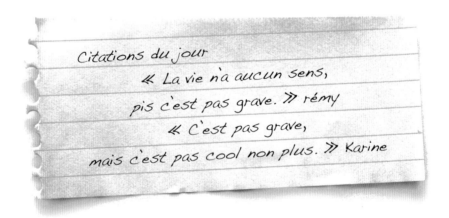

Citations du jour

« La vie n'a aucun sens, pis c'est pas grave. » rémy

« C'est pas grave, mais c'est pas cool non plus. » Karine

Spiritualité

La vie aura toujours le dernier mot puisque la vie ne peut pas mourir. Ainsi donc, nul besoin d'une victoire de la vie sur la mort, si ce n'est dans le cœur de l'homme.

Essentielle errance…

Et maintenant, quel chemin prendre?

Bibliographie

BARCLAY, WILLIAM. *The daily study Bible, The Gospel of John, Volume 2 chapters 8-21.* Bangalore, Theological Publications in India, 2001.

GIBRAN, KHALIL. *Sand and Foam.* New York, Knopf, 1926.

GOUILLARD, JEAN. *Petite Philocalie de la prière du cœur.* Coll. « Points Sagesses ». Paris, Seuil, 1979.

GUITTON, JEAN, Bodganov, I., Bodganov, G. *Dieu et la science.* Paris, Grasset, 1991.

LALOY, JEAN. *Récits d'un pèlerin russe.* Paris, Seuil, 2004.

LE SAUX, HENRI. *Éveil à soi éveil à Dieu.* Paris, Éditions Oeil, 1986.

MONTBOURQUETTE, JEAN. *Comment pardonner?* Ottawa, Novalis, 1992.

WATTS, ALLAN W. *The wisdom of insecurity.* New York, Vintage, 1968.

WATTS, ALLAN W. *Bienheureuse insécurité.* Paris, Stock/Monde ouvert, 1977.

La Sainte Bible. Traduction en français sous la direction de L'ÉCOLE BIBLIQUE DE JÉRUSALEM. Paris, Cerf, 1955.

Références à des chansons

BÉLANGER, DANIEL. *Revivre*, sur « Rêver mieux ». Audiogram, 2001.

BRASSENS, GEORGES. *Les amoureux des bancs publics*, sur « Les amoureux des bancs publics ». Warner-Chapell Music, France, 1954.

BREL, JACQUES. *Amsterdam.* 1964.

DASSIN, JOE. *Les Champs-Élysées*, sur « Le chemin de papa ». CBS, 1969.

DESJARDINS, RICHARD. *...et j'ai couché dans mon char*, sur « Tu m'aimes-tu ». Foukinic, 1990.

JENSEN, TOMAS. *Le cortège 2*, sur « Pied-de-nez ». Zone 3, 2002.

JENSEN, TOMAS. *Mundo*, sur « Pied-de-nez ». Zone 3, 2002

LAPOINTE, ÉRIC. *Terre promise*, sur « Obsession ». Gamma, 1994.

LAPOINTE, PIERRE. *Plaisirs dénudés*, sur « Pierre Lapointe ». Audiogram, 2004.

LELOUP, JEAN. *Le dôme*, sur « Le dôme ». Audiogram, 1996.

LES COLOCS. *Le répondeur*, sur « Dehors novembre ». Musicomptoir, 1998.

MINIÈRE, JÉRÔME. *Un magasin qui n'existe pas*, sur « Jérôme Minière chez HERRI KOPTER ». La Tribu, 2004.

PICHÉ, PAUL. *J'étais ben étonné*, sur « L'escalier ». Kébec Disc, 1980.

THÉRIO, MARIE-JO. *Café Robinson*, sur « La maline ». GSI Musique, 1999.

La toune cachée

Le lecteur éthéré par certains passages du livre se dira peut-être : « Non! Comment est-ce possible? Pourquoi nous laisser choir ainsi, au creux d'une vague? *La vie n'a aucun sens*, est-ce là une façon de terminer une errance essentielle? Dans un cul de sac! » Sachez donc, cher lecteur atterré, qu'après quelques mois, mon âme a réintégré mon corps. Comme toujours, elle a marché. Et comme jamais, je suis devenu sédentaire. J'ai même commencé une collection.

Cela dit, je vous souligne que ce livre ne se termine pas sur une note déprimante. Au contraire. « *La vie aura toujours le dernier mot puisque la vie ne peut pas mourir. Ainsi donc, nul besoin d'une victoire de la vie sur la mort, si ce n'est dans le cœur de l'homme.* » Voilà la conclusion de mon errance. Je savais déjà que la vie est une succession de naissances et de morts, mais je n'avais jamais compris que la vie n'a pas à vaincre la mort. C'est une des plus belle vérité écrite dans ce livre.

D'autre part, c'est comme si ces pages n'avaient été écrites pour personne d'autre que ma charmante épouse et moi-même. Étrangement, alors qu'elles relatent ce que nous avons vécu il y a quelques années, elles n'ont jamais été aussi actuelles pour nous. Après plusieurs années de réflexion commune, nous avions décidé d'avoir un enfant. Et nous avons donné la vie à une petite fille qui est morte à la naissance, à la suite d'un accident stupide.

« *Il y a quelques jours, j'écrivais : "Et si nous étions conscients qu'il y a dans la mort un élément de jouissance, puisque chaque mort porte en elle une libération?" […] "Même quand on perd un enfant?!?"* s'exclama Karine. » La réponse dans quelques années. Cela dit, nous sommes heureux! Je ne voudrais quand même pas vous quitter une autre fois sur une marée basse. La vie est une surprenante succession de désappointements et d'ivresses. La vie est.

Au plaisir!

rémy
xxy